KB140943

시부사와 에이이치

일본 자본주의의 설계자

시부사와 에이이치

500개 기업 창업,
재벌이 되길
거부한 경영자,
일본이 선택한
시대정신

일본
자본주의의
설계자

신현암 지음

흐름출판

일러두기

- 일본어 발음은 국립국어원 외래어 표기법 규정을 따르되, 관례로 굳어진 경우는 예외를 두었다.
- 일본의 인명과 지명은 일본어 발음으로 표기했다.
- 인명과 지명 외에 일본어 단어는 일본어 발음 표기를 따르되, 독자의 이해를 돕기 위해 우리말 한자음으로 표기해야 할 경우 한자음으로 표기했다.
- 본문에 나오는 인물들의 대화는 여러 사료를 바탕으로 저자가 재구성했다. 일부 축약됐거나 각색한 부분이 있음을 밝혀둔다.

시부사와 에이이치渋沢栄一를 처음 만난 건 20여 년 전입니다.

    2006년 11월 중국중앙텔레비전CCTV에서 깜짝 놀랄만한 다큐멘터리가 방영됩니다. 한 번쯤은 들어보셨을 바로 그 이름 〈대국굴기大國崛起〉란 프로그램입니다(지금도 유튜브에서 대국굴기를 검색하면 전편을 볼 수 있습니다). '수천 년간 세계 문명을 선도하던 중국이 왜 1500년 전후로 몰락했는가. 반면 서양과 일본은 어떻게 정치, 과학, 상업, 문화를 발전시켜 강대국이 됐는가, 앞으로 중국은 어떻게 변화해야 하는가'를 9개 나라의 흥망성쇠로 살펴본 역작입니다. 〈대국굴기〉는 우리나라에서도 2007년 1월 방영되었고, 전편의 내용이 책으로 출간될 정도로 반향을 일으켰습니다. 당시 제가 몸담고 있던 삼성경제연구소를 비롯하여 여러 기업에서도 이 프로그램을 직원들에게 추천했고, 관련한 토론회를 열기도 했습니다.

    다큐멘터리는 포르투갈, 스페인에서 시작해서 네덜란드, 영국, 프랑스, 독일, 러시아, 일본, 미국을 살펴본 다음 마지막으로 중국이 나아가야 할 방향을 모색합니다. 물론 20여 년 전 다큐멘터리다 보니 지금은 그때와 여러 가지 상황이 달라졌고, 당시 내린 결론과 현재 중국이 나아가는 방향은 그 결이 조금은 달라졌습니다. 그러나 9개 나라 흥망사에서 배울 수 있는 교훈이 바뀐 것은 아닙니다.

〈대국굴기〉 각 편의 제목은 해당 나라에서 어떤 교훈을 얻을 수 있는지를 명시적으로 보여줍니다. 예를 들어 포르투갈과 스페인을 다룬 1편은 해양시대海洋時代이고, 네덜란드를 다룬 2편은 소국대업小國大業입니다.

일본 편의 제목은 백년유신百年維新입니다. 아시아 강국으로 향한 백 년 간의 유신(옛것을 새롭게 고친다)을 다룬 것이죠. 일본 역사에서 '유신'이라고 하면 단연 메이지유신明治維新이 생각납니다. CCTV 또한 메이지 시대 전후의 일본에 주목했습니다. "아시아의 섬나라 일본이 1853년 7월 8일 페리 제독의 흑선을 목격한 이후 약 100년 사이에 어떻게 아시아 최강을 넘어 서방과 어깨를 나란히 하는 강대국으로 발전했는지를 탐구한다." 일본 편에 등장한 한 중국학자는 일본 굴기의 비결을 '처음은 놀라지만 다음엔 심취하고 마지막에는 미치는始驚次醉終狂' 일본인의 태도에서 찾기도 합니다. 일본에 대해서는 우리만큼이나 좋지 않은 시선을 보내는 중국이 자신들에게 역사적으로 가장 뼈아픈 시기를 정면으로 바라보고 일본에서 배울 점이 무엇인지를 탐구

한다는 것이 저에게는 꽤 신선했습니다. 대국적인 자세가 이런 것을 두고 하는 말이구나 하고 고개를 끄덕였던 기억이 납니다.

43분 정도의 일본 편에는 여러 명의 인물이 나옵니다. 흑선을 끌고 일본의 문을 연 매슈 페리Matthew Calbraith Perry 제독, 메이지유신의 정신적 지도자이자, 우리에겐 '정한론'으로 유명한 요시다 쇼인吉田松陰도 등장합니다. 그 중 동상까지 보여주며 특별히 집중한 인물이 3명 있습니다. 바로 이토 히로부미伊藤博文, 오쿠보 도시미치大久保利通, 그리고 이 책의 주인공, 시부사와 에이이치입니다. 이토는 우리가 다 아는 사람입니다. 오쿠보는 메이지유신에 대해 관심 있는 사람이라면 들어봤을 이름입니다.

반면 당시 일본에 자주 드나들었다고 자부하던 저에게도 시부사와 에이이치는 생소했습니다. 찾아보니 기업인이더군요. 도대체 "어떤 경영자였기에 중국이 그에게 주목했을까? 그에게서 배울 점이 무엇일까?" 그때부터 시부사와를 알기 위한 여정이 시작됐습니다. 일본에 드나들 때마다 자료를 수집하고, 그와 관련 있는 기업을 조사했습니다. 일본 전역에 흩어져 있는 시부사와와 연관된 장소들을 탐방했습니다.

앞으로 소개하겠지만, 시부사와는 한마디로 정리하면 '주판을 든 무사'라 할 수 있습니다. 메이지 시대의 변혁기에 상인의 아들로 태어나 일본 자본주의를 토대부터 세운 인물입니다.

평생 500개의 기업, 600곳의 사회공헌단체를 세웠습니다. 재벌이 될 수 있었지만 스스로 재벌이 되길 거부하며 깨끗한 부자의 길을 걸었던 인물이기도 합니다. 노벨평화상 후보에도 여러 차례 올랐습니다. 일본의 학자들은 그를 두고 '일본 자본주의의 아버지'라고 부릅니다.

그러나 5~6년 전 만해도 시부사와를 제대로 아는 일본인들은 그리 많지 않았습니다. 그러다가 2019년 1만 엔권 지폐 모델로 시부사와가 선정되면서 분위기가 달라졌습니다. 시부사와를 배우자는 바람이 불면서 관련 도서가 여러 권 출간됐고, 전시회도 곳곳에서 열렸습니다. 일본은 '잃어버린 30년'을 벗어나기 위한 시대정신으로 시부사와 에이이치를 선택했습니다.

도쿄에 가보신 분들은 몇 해 전부터 시부야 거리에서 '100년 만의 한 번'이란 표현을 보았을 겁니다. 시부야는 서울의 강남 같은 곳입니다. 일본을 소개하는 프로그램에 꼭 등장하는 시부야 스크램블이 이곳에 있습니다. 지금 이 시부야 일대는 '시부야 대개조'라는 이름으로 대대적으로 탈바꿈하고 있습니다. 단순히 새로운 건물이 들어서는 것을 넘어 스타트업과 엔터테인먼트 기업을 육성하는 기획이 추진되고, 작지만 의미 있는 상점이 곳곳에 들어서고 있습니다. 거주와 주거를 한 공간에 해결하기 위해 공간도 생겨나고 있습니다.

그런데 '100년 만의 한 번'이란 표현이 붙은 이유가 있습니다. 100년 만에 한 번이라면 100년에 어떤 일이 있었다는 뜻이 겠죠? 그렇습니다. 지금으로부터 100년 전 시부야 일대에 파리를 본받은 계획도시가 개발됩니다. 100년 전에 있었던 대개발을 본받아 새로운 대개조를 시도하자는 것입니다.

그런데 100년 전의 대개발 아이디어를 낸 인물이 바로 시부사와 에이이치입니다. 그가 1867년 파리를 직접 눈으로 보고 일본에도 이런 도시를 만들어야 한다고 했던 것이 시부야의 출발점입니다. 이렇듯 일본의 역사 특히 기업과 개발의 역사를 따라가다 보면 어디서나 결국 만나는 이름이 시부사와 에이이치입니다. 그래서 시부사와는 '일본의 설계자'라는 별명도 갖고 있습니다. 그런 시부사와를 일본이 다시 소환하고 있는 것입니다.

중국이 〈대국굴기〉를 통해 일본을 조명했듯이 우리도 시부사와가 어떤 시대를 살았고, 어떤 일을 했는지, 거기에서 어떤 교훈을 얻을 수 있을지 살피는 계기가 됐으면 하는 마음으로 이 책을 썼습니다.

신현암

차례

1장. 주판을 든 사무라이

2장. 칼을 놓고 자본주의를 입다

3장. 좌절의 순간에도 성장할 수 있다

4장. 일본 경제를 설계하다

5장. 군림하기 보다 함께 간다

6장. 재벌이 되길 거부한 경영자

잃어버린 30년,
시부사와를 소환하다

우리에게는 침탈의 상징, 일본인에게는 자본주의의 아버지

"양인들 말도 썩 잘하는 듯하니, 내 뭐 하나만 물어도 되겠소? 러브가 무엇이오?"

진지한 표정으로 애기씨가 유진초이에게 묻습니다. 잠시 정적이 흐르고 유진초이가 나지막이 되묻습니다.

"근데 그건 왜 묻는 거요?"

애기씨는 거침없이 답합니다.

"하고 싶어서 그러오. 벼슬보다 좋은 거라 하더이다."

잠시 뜸 들이던 유진초이는 말을 잇습니다.

"뭐, 생각하기에 따라선. 허나 혼자는 못 하오. 함께할 상대가 있어야 해서."

호기심 많은 애기씨는 이렇게 답합니다.

"그럼 나랑 같이하지 않겠소?"

유진초이는 당황합니다. 도대체 알고 물어보는 건지 모르고 물어보는 건지 애기씨의 속마음을 모르겠습니다. 그러자 애기씨는 동그란 눈을 더욱 크게 뜨며 이렇게 말합니다.

"아녀자라 그러오? 내가 총도 쏘는데."

유진초이의 눈동자가 흔들립니다. 이를 두고 '동공지진'이라 표현하죠. 애잔한 음악과 함께 유진초이 역을 맡은 배우 이병헌의 감미로운 목소리가 흐릅니다.

"총 쏘는 것보다 어렵고, 그보다 더 위험하고, 그보다 더 뜨거워야 하오."

2018년 여름을 뜨겁게 달구었던 드라마 〈미스터 션샤인〉의 한 장면입니다. 유튜브 알고리즘 때문일까요? 저에게는 이 영상이 지금도 자주 뜹니다. 볼 때마다 가슴이 벅차고 눈물이 납니다. 드라마의 결말을 알고 있어서겠지요.

24화로 전개되는 이 드라마에서 해당 장면은 3화에 나옵니다. 조선시대에 태어난 애기씨가 러브의 뜻을 제대로 알 리 없습니다. 하지만 결국 정혼자도 버리고, 그녀를 숭배하는 야쿠자 두목도 멀리하고, 유진초이와 마음을 함께합니다.

사랑 이야기로 글을 시작했습니다만, 〈미스터 션샤인〉은

구한말 일본을 비롯한 열강의 침탈에 맞선 우리 민족의 분투를 다룬 드라마입니다. 이 드라마의 16, 17화를 보면 일본이 자국 화폐인 제일은행권을 유통해 조선의 화폐 자주권을 위협하는 대목이 나옵니다. 고종황제의 후궁인 엄비는 "대관절 제일은행권이 무엇이냐"고 질문하는데요, 이에 대해 드라마에서 호텔 사장으로 등장하는 쿠도 히나는 이렇게 답합니다.

"일본이 발행하는 제일은행권은 조선에서만 쓰이는 화폐로, 그 은행권이 조선 밖을 나가면 밑을 닦기에도 뻣뻣한, 조선에서만 가치 있는 일본 종이나 진배없습니다. 제일은행권이 지속적으로 통용된다면 머지않아 일본은 조선의 화폐와 물자를 끌어모을 것이고, 조선의 재정은 바닥날 것이니, 종국엔 일본 제일은행이 대한제국의 중앙은행 기능을 수행할 것입니다."

이를 고종이라고 모를 리 없겠지요. 하지만 나라를 팔아먹으려는 대신들의 요구에 결국 제일은행권의 통용을 허가합니다. 우리 조상들이 가만히 있을 리 없습니다. 드라마의 주인공 애기씨의 할아버지가 도끼를 지니고 대궐 앞에 엎드려 부당함을 고하는 지부상소持斧上疏를 올립니다. 전당포, 빵집 등에서도 제일은행권을 받지 않기로 합니다. "너희 돈은 너희 나라 은행에서 바꿔라"라고 말하면서요. 안타깝게도 역사는 우리 민중의 뜻대로 흘러가지 않았고, 경제 주권 침탈로 시작된 일본의 침략은 국권 강탈로 이어집니다. 당시에 일본 돈 1엔은 지폐로 만들 정도

그림 1. 시부사와 에이이치

일본 자본주의의 아버지이자 설계자로 불린다. 조선에 유통된 제일은행 1엔권의 모델로, 우리에게는 국권 침탈의 상징이다.

로 큰 돈이었습니다. 우리 땅에서 유통되던 제일은행권 1엔의 모델이 바로 이 책의 주인공 시부사와 에이이치입니다.

　시부사와는 '일본 자본주의의 아버지'로 불립니다. 그런 그가 1873년 일본에서 제일국립은행第一國立銀行을 설립합니다. 제일국립은행은 최고의 은행이 아니라 첫 번째로 세워진 은행이란 뜻에서 붙은 이름입니다. 참고로 일본에서는 1879년까지 제2, 제3 등 순차적으로 제153국립은행까지 만들어집니다.

조선은 1876년 일본에 의해 강제로 개항합니다. 2년 후인 1878년, 제일국립은행은 조선 최초의 외국 은행으로 부산에 지점을 설립합니다. 이후 많은 외국 은행들이 앞다퉈 우리 땅에 둥지를 틀었지요. 일본계로는 제18국립은행과 제58국립은행이 있었고, 홍콩상하이은행, 러시아의 한러은행도 이 무렵에 세워집니다. 외국 은행들은 일반적인 은행 업무뿐만 아니라 수출입품에 세금을 매기는 업무, 은 매입, 차관 제공, 국고금 업무를 담당했습니다. 당시 우리에게는 근대적인 금융 제도가 없었기에 외국 은행들은 개항장을 중심으로 많은 이익을 취할 수 있었습니다.

일본의 설계자

청일전쟁과 러일전쟁을 거치면서 조선에서 슬금슬금 일본의 힘이 세지고 중국과 러시아는 점점 설 자리를 잃어갑니다. 그에 따라 중국계, 러시아계 은행의 영향력도 낮아집니다. 대신 제일국립은행을 필두로 일본 은행의 힘은 더욱 커졌습니다. 그러니 드라마에서 보듯, 일본 돈이 믿고 그 지폐 속 인물이 얼마나 믿상이었겠습니까? 일본이 서울과 인천을 잇는 경인선, 서울과 부산을 연결하는 경부선 철도를 놓을 때도 시부사와는 큰 역할을 했습니다. 해석하기에 따라선 그를 '우리나라의 물자를 빼앗아가는 데 일조한 인물'이라고 볼 수 있습니다. 이런 시각으로 보면 시부사와는 우리에게 미움의 대상이 될 수밖에 없습니다.

그런데 그 시부사와가 2024년 7월부터 바뀌는 1만 엔권 지폐의 모델로 선정됩니다. 지폐의 모델이라면 어느 나라고 존경할 만한 사람으로 정하는 법입니다. 우리나라만 해도 신사임당, 세종대왕, 율곡 이이, 퇴계 이황 등 이의를 제기할 수 없는, 모든 사람들이 존경할 만한 인물을 모델로 삼았습니다. 미국 달러에 등장하는 조지 워싱턴(1달러), 토머스 제퍼슨(2달러), 에이브러햄 링컨(5달러), 알렉산더 해밀턴(10달러), 율리시스 그랜트(50달러), 벤저민 프랭클린(100달러)도 마찬가지죠. 시부사와도 일본에서는 존경받는 인물입니다. '구한말 우리나라에서 통용된 일본 지폐의 모델이자 침략자' 정도로만 치부하기엔 뭔가 다른 이야기가 있을 것 같습니다.

사실 우리나라에는 못된 일을 했지만 일본인들이 보기에 자기네 나라에 크게 기여한 사람은 꽤 많습니다. 예를 들어볼까요. 도요토미 히데요시豊臣秀吉. 일본인에게는 자수성가의 대명사이자 전국통일이란 대업을 완수한 인물이지만, 우리에게는 조선을 침략한 원수 중의 원수이죠. 또 있습니다. 이토 히로부미. 일본인들에게는 '헌법의 아버지' 또는 '근대 정치의 아버지'로 불리지만, 이자 또한 우리에게는 침략의 원흉입니다.

반대 경우는 없을까요? 안중근 의사. 하얼빈에서 이토 히로부미를 저격한 그는 우리나라 사람이라면 누구나 아는 독립 영웅입니다. 일본에서도 '한국의 독립운동가' 또는 '동양 평화를 위해 싸운 인물'이라는 평가를 받지만 일부 극우주의자들은 테러리스트라고 부릅니다(그러나 일본 우익의 상징이라 할 수 있는 야스쿠니 신사에도 안중근은 '한국의 독립운동가'라고 적혀 있고 이토 히로부미의 생가에도 '민족 운동가'라고 기록하고 있습니다). 이렇듯 각자의 입장이 있기 마련입니다. 처한 위치에 따라 해석이 달라질 수 있는 것이지요. 이런 설명이 조금 불편하다면 시선을 좀 더 넓혀봅시다.

위인전에 자주 등장하는 인물 중 알렉산더 대왕이 있습니다. 그와 싸우다 멸망한 왕국의 사람들은 그를 어떻게 바라봤을까요? 위인으로 봤을까요? 동포 학살자로 봤다는 것이 맞지 않을까요? 《삼국지연의》의 제갈공명은 어떤가요? 다들 적벽대전을 승리로 이끈 대단한 전략가라고 합니다. 그런데 적벽대전에서 부모와 자식을 잃은 사람은 제갈공명을 어떻게 볼까요? 가문의 원수로 생각하지 않을까요? 이런 문제에 봉착하면 사실 어떤 게 정답이라고 딱 잘라 말하기 어렵습니다.

이 책에서는 시부사와가 살아온 시대와 그가 이뤄낸 성취,

인생철학을 살펴보고자 합니다. 그의 인생과 철학이 어떻기에 2024년 일본 최고액 지폐의 주인공이 되었을까요?

앞에서도 언급했지만 시부사와는 '일본 자본주의의 아버지'라고 불립니다. 일본 최초의 근대 은행과 주식거래소를 만들었고, 철도를 건설하고, 500개가 넘는 기업과 600개가 넘는 사회 공헌기관을 설립했습니다. 대단한 업적입니다만, 그것만으로는 한 세기가 지난 지금 1만 엔권의 모델로 삼기에는 좀 부족하다는 생각이 듭니다. 일본에 그렇게 인물이 없는 걸까요? 이에 대해 일본 재무성은 이렇게 설명합니다.

일본 경제를 위해 뛰어난 업적을 남기고, 새로운 산업의 육성이라는 면에서 일본의 근대화를 이끄는 데 크게 공헌했다.

그런 의미라면 미쓰비시 그룹을 세운 이와사키 야타로岩崎弥太郎의 공이 더욱 크지 않을까요? 우리나라에서도 '시부사와 에이이치'라는 이름을 아는 사람은 별로 없지만, 미쓰비시 그룹은 비즈니스맨이라면 누구나 한 번쯤 들어봤을 겁니다. 재무성의 설명만으로는 역시 부족합니다.

이념에서 실용, 전통에서 유신

여기서 잠깐 1만 엔권의 역사를 살펴보겠습니다. 일본에 1만 엔권이 처음 등장한 것은 1958년입니다. 1964년 도쿄올림픽을 앞두고 건설 경기가 절정에 달한 시절이었지요. 그 무렵 일본 경제는 본격 상승세에 돌입합니다. '이와토 경기' '이자나기 경기' 등 일본의 호황을 지칭하는 용어가 있는데요, 1958년은 42개월간 지속된 이와토 경기가 시작된 해입니다.

이때 1만 엔권의 모델로 쇼토쿠 태자聖德太子가 결정됩니다. 일본에 불교를 보급하고, 관료제의 기초를 세워 중앙집권체제를 확립한 인물입니다. 고구려 승려 담징이 벽화를 그린 것으로 유명한 호류지를 창건한 것도 쇼토쿠 태자입니다. 일본 재건의 상징인 도쿄올림픽과 국가의 체계를 갖춘 쇼토쿠 태자를 연결지은 것이지요.

1984년 새로운 1만 엔권의 주인공으로 후쿠자와 유키치福澤諭吉가 선정됩니다. 게이오대학을 설립한 교육자로 《학문의 권장學問のすすめ》을 저술한 사상가로 유명합니다. 그는 왜 1980년대 중반에 1만 엔권의 모델로 선정되었을까요? 후쿠자와는 1882년 〈시사신보時事新報〉라는 일간지를 창간하고 1885년 그 유명한 탈아론脫亞論이라는 글을 기고합니다(정확히는 기고한 것으로 추정됩니다). 아시아를 벗어나 서양 문명 국가에 합류할 것을

그림 2. 역대 1만 엔권 지폐 모델들

위에서부터 쇼토쿠 태자, 후쿠자와 유키치, 시부사와 에이이치

주장하는 내용이었죠.

100년에 가까운 시간이 지난 1980년대 후반, 후쿠자와가 1만 엔권의 주인공이 된 일본은 어떻게 변해 있었을까요? 이 무렵 일본 경제는 아시아에 한정짓기에는 너무 커져 있었습니다. 일본은 1872년 미국에 이어 국내총생산gross domestic product, GDP 세계 2위에 오른 이래 2009년 중국에 그 자리를 내주기 전까지 넘버 2 자리를 굳건히 지켰습니다. 모두가 알다시피 1990년대 이후 부동산 버블의 붕괴와 함께 '잃어버린 20년'(혹은 30년)을 맞이하기 전까지 일본 경제는 초호황을 누립니다. 1991년 문을 열고 1994년 폐업한, 한꺼번에 2,000명을 수용할 수 있었다는 전설의 디스코 클럽 '줄리아나 도쿄'는 이러한 일본 경기 호황의 끝자락을 상징하지요(한때 우리나라에서도 이 클럽의 이름을 딴 업소들을 심심치 않게 볼 수 있었습니다).

1994년 무렵, 저는 CJ의 전신인 제일제당에 근무하고 있었습니다. 당시 추진하던 프로젝트의 일환으로 업종별로 주요 국가가 어느 정도 시장을 점유하고 있나 살펴보았습니다. 업종과 관계없이 미국이 전 세계의 3분의 1, 일본이 6분의 1을 차지하고 있더군요. 두 나라가 전 세계 시장의 절반을 점유하고 있었던 것이지요. 반면 우리나라는 일본의 10분의 1(전 세계 시장의 60분의 1)을 차지하고 있었습니다. 이처럼 일본의 위세는 정말 대단했습니다.

1995년 제일제당이 미국 영화 산업 투자를 고려하고 있을 때, 실무 담당자로 세계 영화 산업 시장을 살펴볼 기회가 있었습니다. 그런데 아시아 시장에서 일본이 빠지고 호주가 새로이 더해지더군요. 일본 시장의 규모가 워낙 커서 별도로 분류해야 했습니다. 전후 사정을 고려해보면, 일본은 스스로 '탈아leaving Asia' 했다고 선언할 정도로 성장했던 것입니다. 그러한 의식을 더욱 고취하기 위해서라도 탈아입구脫亞入歐를 외친 후쿠자와가 필요했던 것이지요.

쇼토쿠 태자와 후쿠자와 유키지는 지폐 모델이 선정된 당대의 시대정신Zeitgeist, spirit of the time을 상징합니다. 이는 헤겔이 만든 철학 용어입니다. 관념론자인 헤겔은 하나의 시대를 관통하는 하나의 절대적인 정신이 있다고 보고, 그것을 시대정신이라고 불렀습니다. 1960년대 패전의 고통을 딛고 다시 일어서는 일본에는 쇼토쿠 태자가, 1980년대 다시 세계로 뻗어 나가려는 일본에는 후쿠자와가 시대정신으로 제격이었던 것이지요. 그로부터 40년이 지난 지금, 일본이 시부사와를 1만 엔권의 주인공으로 소환한 이유는 무엇일까요? 2020년대 일본의 시대정신은 어떻게 바뀌었을까요?

아시아를 벗어나 서양으로 가자는 구호는 더 이상 유효하지 않습니다. 시대정신이 바뀌었다는 얘기죠. 시부사와는 후쿠자와보다 5년 늦게 태어났지만, 훨씬 오래 살았습니다. 1835년생인 후쿠자와는 1901년까지 살아서 당시로 치면 65세로 장수한 편인데, 시부사와는 1840년에 태어나 1931년까지 무려 91년을 살았습니다. 흔히 술자리에서 '위대한 업적을 남기려면 일단 오래 살아야 한다', '오래 사는 게 결국 이기는 것이다'라는 말을 하는데, 그런 점에서 시부사와는 정말 탁월한 것 같습니다.

후쿠자와가 이념을 상징한다면 시부사와는 실용의 대명사입니다. 후쿠자와의 대표작 《학문의 권장》의 대척점에 시부사와의 연설집 《논어와 주판論語と算盤》이 있습니다. 이 책에서 그는 청부淸富를 강조합니다. '가난하고 깨끗한 삶을 추구하라'는 청빈淸貧, '가난을 편안히 여기고 도道를 즐긴다'는 안빈낙도安貧樂道와는 생각의 출발점이 다른 것이지요. 쉽게 말해, 그는 '깨끗한 부'를 강조했습니다.

또한 시부사와는 일본 유신維新의 상징이기도 합니다. 도쿠가와 막부를 무너뜨린 일본 엘리트들은 그들의 행동을 혁명革命이라고 부르지 않았습니다. 일본 고유의 천황제를 중심으로 하는 국가 체제를 유지했다는 점도 그렇지만, 넓게는 프랑스 혁명, 러시아 혁명과 달리 급격한 변화보다는 점진적 개혁과 전통적 가치를 계승한다는 점에서 "기존의 제도, 체제를 고쳐 새롭게 한다"는 유신을 천명했습니다.

앞으로 살펴보겠지만 시부사와는 한때 막부 타도를 외치다가 막부의 가신이 되었고 이후 서구의 변화를 직접 눈으로 보고 서구식 자본주의 시스템을 일본에 도입한 인물입니다. 잃어 버린 30년에서 벗어나려는 일본에 시부사와는 점진적인 변화(유신)의 상징이라고 할 수 있습니다.

피터 드러커가 추앙한 경영인

시부사와는 평생 500개의 회사를 설립하는 데 관여했습니다. 몸이 하나뿐이니 500개나 되는 회사를 모두 경영할 수는 없었겠지요. 대신 회사를 세우고 자기 대신 경영할 사람을 뽑았습니다. 그래서 시부사와를 '일본 최초의 벤처캐피털리스트'라고 부르기도 합니다.

　놀랍게도, 당시에는 조금 생소했을 사회공헌기관 또한 600개 이상 설립했습니다. 오히려 회사보다 더 많이 세웠지요. 60세가 되었을 무렵 회사 설립과 투자, 경영에서는 손을 뗐지만 사회공헌기관만큼은 생의 마지막 순간까지 책임졌습니다. 노벨평화상 후보에도 여러 번 오릅니다. 그가 좀 더 오래 살았다면 기업인으로서는 아주 드물게 노벨평화상을 받았을지도 모릅니다. 경영학계의 영원한 스승 피터 드러커Peter Drucker는 1973년 저술한 책《매니지먼트Management》에서 이렇게 이야기했습니다.

오늘날(1970년대) 일본이 세계 경제에서 주도권을 쥘 수 있게 된 것은 20세기 초반 시부사와 에이이치의 철학과 행동이 제대로 자리를 잡았기 때문이다. 그가 주창한 '논어와 주판' 사상은 현실로 이루어졌다. 경영자의 본질은 '부wealth'도 아니고 '지위rank'도 아닌, '책임감responsibility'이라는 기본 통찰도 마찬가지다.

이제 어느 정도 감이 잡힐 겁니다. 화폐 모델은 시대정신을 대변합니다. 일본의 시대정신은 이념에서 실용과 유신으로 바뀌고 있습니다. 그리고 그 롤모델로 일본은 시부사와를 지목한 것입니다.

제가 시부사와에 대해 본격적으로 연구한 것은 2017년입니다. '일본의 상인 정신'을 연구 발표할 기회가 있었는데, 주어진 숙제의 범위가 너무 넓었습니다. 그런데 오랜 세월, 일본 기업과 브랜드를 연구하면서 어디를 살펴보든 언제나 등장하는 이름이 있었습니다. 바로 시부사와 에이이치였습니다. 모든 길은 로마로 통한다는 말처럼 일본 경제와 기업을 추적하다보면 거짓말처럼 시부사와라는 이름이 등장했습니다. 그래서 거꾸로 이렇게 제안했습니다. "시부사와 에이이치를 중심으로 발표할 수 있다면 제대로 준비해보겠다"라고 말이지요. 이 제안이 받아들여져 시부사와에 관한 자료와 문헌을 뒤지고, 기회가 있을 때마다 발표하고, 팀을 짜서 그의 발자취를 따라 현장 답사를 다녔습니다.

당시만 해도 일본 사람들 역시 그에 대해 제대로 알지 못하는 이들이 대부분이었습니다. 답사 현장에서 만난 사람들이 대개 가게 종업원이나 식당에서 만난 학생이었던 것도 하나의 이유일 겁니다. 우리나라에서도 젊은 세대에게 지나간 역사적 인물에 대해 물으면 잘 모른다는 답이 돌아오게 마련입니다.

그러던 중 2021년 일본 공영방송인 NHK에서 매년 방영하는 대하드라마의 주인공으로 시부사와가 선정됩니다. 1963년부터 방영한 NHK 대하드라마는 한때 53%라는 경이적인 시청률을 올렸을 정도로 일본의 간판 TV 프로그램입니다. 요즈음이야 넷플릭스를 비롯해서 볼거리가 많아 옛날만큼 높은 인기를 누리는 것은 아니지만, 그래도 매년 평균 10~15% 정도 시청률이 나옵니다. 시부사와가 주인공으로 등장한 드라마 〈청천을 찔러라靑天を衝け〉의 영향으로 이제 웬만한 일본 사람들은 그에 대해 알게 됐습니다. 증권가로 유명한 도쿄 가부토 초에는 그를 기리는 각종 기념물과 도서관이 세워졌습니다. 2023년 기준 일본 전역에 있는 그의 동상만 13개에 이릅니다.

일본에서 150년 전 살았던 사람의 정신을 되살리려 하는 것을 보면, 그의 삶은 우리에게도 시사점이 있는 게 분명합니다. 그가 어떤 생각으로 살아왔고, 왜 기업을 세웠으며 사회공헌기관을 만들었는지, 사업가로서 청부론을 강조한 이유가 무엇인지 살펴보면 앞으로 일본이 나아가려는 방향을 읽을 수 있을 겁니다. 진부한 표현이지만, 지피지기 백전불태知彼知己 百戰不殆라고 했습니다. 혐일嫌日, 반일反日을 넘어 지일知日로 가야 극일克日할 수 있습니다.

또한 피터 드러커가 그토록 극찬한 책임 경영의 비밀을 알 수 있을지도 모릅니다.《논어와 주판》으로 대표되는 시부사와의 자기경영, 기업가 정신, 돈에 대한 철학을 하나하나 짚어가다 보면 경영인으로서 그의 안목과 상인으로서 부의 철학을 배울 수 있을 겁니다.

시부사와를 다루다 보면 어쩔 수 없이 일본의 근대사를 살펴볼 수밖에 없습니다. 거기에는 다양한 정치인, 기업인이 등장합니다. 이 책은 본격적인 역사책이 아니지만, 시부사와를 최대한 입체적으로 이해할 수 있도록 그 시대의 사정을 살펴보고 특히 일본 재벌과 시부사와의 관계를 조명합니다. 이를 위해 그가 남긴 기록은 물론 일본 역사, 기업사를 살펴보고 일본 곳곳을 현장 탐방하며 시부사와의 발자취를 쫓아다녔습니다.

이제부터 저와 함께 시부사와와 그의 경영, 돈의 철학을 알아가는 여행을 함께 떠나봅시다.

1장.

주판을 든
사무라이

상인으로 태어나 무사를 꿈꾸다

누구나 인생의 전환점이 있습니다. 결정적 순간이라고도 하죠. 이성계의 위화도 회군, "주사위는 던져졌다"는 말로 유명한 카이사르의 루비콘강 도하 등 순간의 선택이 운명을 바꾸기도 합니다. 시부사와에게도 그런 선택의 순간들이 있었습니다.

과거 일본은 조선보다 더한 신분제 사회였습니다. 사무라이(무사)로 태어나면 사무라이로 살아야 했고, 농민으로 태어나면 농민의 신분에서 벗어날 수 없었습니다. 사는 곳도 바꿀 수 없고, 살아가는 방식도 정해진 틀을 벗어날 수 없었습니다. 이에 비해 조선은 사농공상士農工商 체제가 있었다고 하지만, 원칙적으로 농민도 과거에 합격하면 선비士가 되고 관직에도 나갈 수 있었습니다.

시부사와는 신분제 사회에서 농민이자 상인의 아들로 태어났습니다. 그런 그가 메이지유신의 일원이 되기까지는 여러 선택의 순간들이 존재했고, 그런 순간에는 항상 '인연의 힘'이 작동했습니다.

흔히 성공한 사람들은 자신의 운명에 '운칠기삼'(운이 7이고 노력이 3)이 작용했다고 말합니다. 여기서 인연은 '운'에 해당합니다. 그 운(명)의 순간을 어떤 자세로 받아들이냐에 따라 이후의 결과가 좌우되기도 합니다.

시부사와의 선택과 인연을 알아보기 전에 먼저 그가 신분제의 굴레에서 벗어나 남들과 다른 인생을 살 수 있었던 배경을 살펴보겠습니다. 시부사와는 1840년 지금의 사이타마현 후카야시인 무사시국 한자와군 지아라이지마무라에서 태어났습니다. 지금은 도쿄역에서 기차로 90분 정도 걸리는, 일본의 중심에서 그다지 멀지 않은 곳입니다. 그의 가족은 대대로 농사를 짓고, 누에를 기르고, 염료를 팔았습니다. 이렇듯 농업과 상업에 종사한 시부사와 가족의 소득은 350석 수준이었습니다.

350석은 어느 정도일까요? 1석은 쌀 10말이고, 쌀 10말은 100되입니다. 이는 다시 1,000홉이 됩니다. 1홉은 150g 정도로, 대충 한 끼 분량이지요. 1,000홉이라면 1,000끼입니다. 하루 3끼 먹는다고 가정했을 때 1년 정도의 식량을 말합니다. 그렇다면 연소득이 350명을 먹여 살릴 수 있는 수준이었던 것이지요. 당시 시골 무사(향사)의 평균 소득이 50석 수준이었다고 하니, 상당한 부농이라 할 수 있습니다.

단순히 농사만 지었다면 상인의 교육은 필요 없었을 겁니다. 그런데 그의 집안은 장사도 했습니다. 덧셈, 뺄셈을 비롯해 상인이 익혀야 할 기본적인 지식에 통달해야만 했지요. 어렸을 때부터 수익(마진) 개념을 배워 열세 살이 되자 혼자서 염료를 팔 수 있을 정도였다고 합니다.

상인의 소양만 배운 건 아닙니다. 다섯 살 때부터 사촌 형이 가르치는 데라코야寺子屋에 나갑니다. 데라코야는 우리로 치면 서당에 해당하는 사설 교육기관입니다. 일곱 살 때부터는 본격적으로 사서오경과 일본 역사를 배웠습니다. 상인으로 살 거라면 굳이 이 정도까지 배우지 않아도 됩니다. 마침 사촌 형이 마을 서당의 선생이어서 배울 수 있었습니다. 사서오경이라고 하면 조선의 선비 교육이 떠오를 겁니다. 당시 무사 계급에도 유학은 필수 교육 과정 중 하나였습니다.

만약 무사 집안이라면 상인 교육은 받지 않았을 겁니다. 하지만 시부사와 집안은 무사 집안이 아니었지요. 운이었든 운명이었든 그는 역사의 격변기에 상인과 무사의 교육을 모두 받으며 어린 시절을 보냈습니다.

상인이자 무사(지식인)의 교육을 모두 받은 시부사와는 1867년 파리만국박람회에 일본 대표단으로 참가해 선진문물을 직접 눈으로 보게 됩니다. 부농 집안 출신이라고 하지만 일본 지배계급과는 거리가 있었던 그가 어떻게 만국박람회 대표단에

그림 3. 도쿠가와 막부 시대의 초등 교육기관, 데라코야

낄 수 있었을까요? 20대 후반 시부사와의 변신을 이해하려면 잠시 일본 역사를 살펴봐야 합니다. 역사의 시계를 500여 년 전인 16세기 후반으로 돌려놓아봅시다.

일본에 도쿠가와 막부가 들어서기 전인 전국시대 후반으로 가보시죠. 일본 역사는 천황 세력과 권력자 세력 사이에서 빚어진 다툼의 역사라고 해도 과언이 아닙니다. 간단하게 설명하자면, 천황이 힘이 있을 때는 상대적으로 세상이 태평했습니다. 권력자 세력이 힘이 있을 때도 세상은 태평했습니다. 그러나 이둘 사이에 권력 다툼이 일어나거나 지역 군벌들이 일어나면 일본 전역이 혼란스러워졌습니다.

일본 역사에서 권력자, 즉 군사력을 가진 사무라이 집안이 막부幕府라는 이름 아래 일본을 지배한 시절이 세 번 있습니다. 가마쿠라 막부(1185~1333년), 무로마치 막부(1336~1573년), 도쿠가와 막부(1603~1868년)가 바로 그 시기입니다. 두 번째 막부인 무로마치 막부는 1573년 오다 노부나가織田信長에 의해 무너집니다.

일본에서는 오다 노부나가, 임진왜란을 일으킨 도요토미 히데요시, 도쿠가와 이에야스德川家康, 이렇게 3명을 전국시대 3대 호걸이라고 부릅니다. 혹시 "울지 않는 꾀꼬리를 어떻게 할 것이냐?"라는 말을 들어본 적 있나요? 일본에서는 이 3명의 성격을 대비할 때 이 질문과 답을 자주 인용합니다. 답은 다음과 같습니다. 오다는 꾀꼬리를 "죽여버린다", 도요토미는 "울게 만든다", 도쿠가와는 "울 때까지 기다린다"입니다.

이 이야기를 처음 들었을 때, '죽여버린다'거나 '울게 만든다'는 말은 이해할 수 있었는데, '울 때까지 기다린다'는 말은 무슨 의미인지 의아했습니다. 세 사람이 보여준 삶의 행적을 따라가다 보면 비로소 무슨 뜻인지 이해가 갑니다. '아, 기다린다는 건 이런 의미이구나' 하고 말이죠.

오다는 일본 전국통일을 천명한 무자비한 장군입니다. 도요토미는 그의 영민한 부하 장수였고, 부하는 아니지만 소규모

동맹군으로 도쿠가와가 존재했습니다. 전국시대 후반기는 오다 팀과 비非 오다 연합 팀의 싸움이었다 해도 과언이 아닙니다. 오다 팀의 세력이 점점 커지다가 부하의 배신으로 오다는 자결하고 맙니다(이를 혼노지의 변本能寺の變이라고 합니다). 이후 도요토미는 특유의 실력주의로 오다의 자리를 차지합니다. 그가 일본을 통일한 뒤 여세를 몰아 조선에 쳐들어왔다는 건 잘 알려진 사실입니다. 그런 그가 아직 다섯 살에 불과한 아들을 남겨두고 죽습니다.

때를 기다리며 이인자 자리에 엎드려 있던 도쿠가와는 마침내 경쟁자들을 물리치고 막부를 열게 됩니다. 도쿠가와 막부는 메이지유신으로 무너지기 전까지 장장 300년 가까이 일본을 유지하는 체제로 자리 잡았습니다.

야스쿠니 신사에 가면 오다를 '영웅'으로, 도요토미를 '천재'로, 도쿠가와를 '거인'으로 표현한 문장이 있습니다. 곱씹어볼수록 그들의 성격과 인생을 잘 표현했다는 생각에 절로 고개가 끄덕여집니다.

흑선 내항

도쿠가와 가문이 대대로 막부의 지배자인 쇼군將軍의 자리를 차지했던 도쿠가와 막부는 1603년에 시작되어 1868년까지 지속됩니다. 그동안 총 15명의 쇼군이 등장합니다. 물론 쇼군이 있다고 해서 천황이 없었던 것은 아닙니다. 천황은 실권이 전혀 없는, 정신적 지주 역할에 머물렀지요. 그러다 이 체제를 뒤흔드는 사건이 일어납니다.

시부사와가 13살이던 1853년 미국의 매슈 제독이 일본 앞바다에 함대를 이끌고 나타나 개항을 요구합니다. 일본인들은 혼비백산했습니다. 제한적이나마 네덜란드, 포르투갈 등과 교류하고 있었지만 미국처럼 함대를 몰고 와서 개항을 요구한 나라는 일찍이 없었기 때문입니다. 도쿠가와 막부는 사고로 다른 나라로 떠내려간 자국민의 귀환까지 거부할 만큼 철저한 쇄국 정책을 펼쳐왔습니다. 그러한 막부 정부에 페리 제독은 무력 시위를 펼친 것입니다. 당황한 막부는 페리 제독의 배를 보이는 그대로 검은 배, 즉 구로후네黑船라고 부르며 일단 다음 해까지 말미를 달라고 요청했습니다. 그리고 1년 후인 1854년 미국은 다시 대형 선단을 이끌고 일본 앞바다에 나타납니다.

모든 역량에서 미국에 밀렸던 일본은 문을 열지 않을 수 없었습니다. 일본은 '미일화친조약'이라는 불평등조약을 맺으며 2개 항구를 개항합니다. 1858년에는 '미일수호통상조약'을 체결하고 더 많은 항구를 개항하기로 약속합니다.

그런데 수호통상조약 체결을 앞두고 문제가 발생합니다.

천황은 정신적 지주이고 쇼군이 실질적 통치를 했다고 앞서 설명했습니다. 1858년 당시 쇼군 아래에서 실세 역할을 하던 인물이 이이 나오스케井伊直弼입니다. 비록 천황이 실권 없는 자리라 하더라도 국가 사이의 조약을 체결하려면 형식적으로나마 천황의 승인을 받아야 했습니다. 영화에도 흔히 나오는 장면입니다. 힘없는 왕이 힘 있는 신하에게 "경의 뜻대로 하라"며 안건을 승인하는 모습 말이에요.

페리 제독이 일본에 개항을 요구할 당시, 쇼군은 막 취임한 13대 도쿠가와 이에사다德川家定였습니다. 그는 지적장애 내지 발달장애가 있었다고 합니다. 그래서 그가 쇼군이 되자마자 '차기 쇼군을 누가 계승할 것인가'에 대한 논의가 있었다는군요. 이에사다는 재위 6년 만인 1858년 7월 세상을 떠납니다. 그의 뒤를 이어 14대 쇼군은 도쿠가와 이에모치德川家茂가 됩니다. 1846년생이니 막 열두 살이 되었을 때였지요. 그의 후견인을 자처한 이가 바로 이이입니다. 그가 실세였음은 두말할 필요 없을 겁니다. 이이는 이에모치가 아직 어렸던 1858년 7월 말 미일수호통상조약을 체결합니다. 14대 쇼군의 승인을 받는 것은 전혀 어렵지 않았습니다. 바로 그가 만든 쇼군이었으니까요.

그런데 조약을 체결하면서 천황의 승인을 받지 않은 겁니다. 아무리 허울뿐인 자리라 하더라도 예나 지금이나 형식과 명분은 정치에서 매우 중요합니다. 최소한 천황의 체면은 살려줘

그림 4. 요시다 쇼인

막말 시대 교육자이자 사상가로 메이지유신의 정신적 지도자로 불린다. 그가 세운 교육기관인 쇼카손주쿠(松下村塾)에서 이토 히로부미를 비롯한 메이지유신의 주역들이 배출됐다. 조선을 정벌해 일본의 국력을 강화해야 한다는 정한론을 펼치기도 했다.

야 했습니다. 거기다 당시 천황은 현실 정치에 관심이 많았던 고메이 천황孝明天皇이었습니다. 그는 화가 많이 났을 겁니다. 천황뿐이었겠습니까? 지금도 일본에는 천황이라면 넙죽 엎드리는 사람들이 있습니다. 이들 모두 뿔이 났습니다. 더군다나 미일수호통상조약은 일본에 불리한 조항으로 가득한 불평등조약이었습니다. 일본 전국에서 존왕양이尊王攘夷, 즉 '천황을 받들고 서양

오랑캐를 몰아내자'는 운동이 들불같이 일어난 이유입니다.

곳곳에서 불온한 기운이 몰아치자 차마 천황을 건드릴 수는 없었던 이이는 존왕양이를 주장하는 인사들을 숙청하기 시작합니다. 메이지유신의 정신적 지주이자 조선을 정복해야 한다는 정한론征韓論의 사상적 원류인 요시다 쇼인도 이때 형장의 이슬로 사라집니다.

세상 모든 일에는 작용과 반작용이 있는 법. 이이에 대한 저항도 만만치 않았습니다. 1860년 봄, 존왕양이 세력은 지금의 도쿄인 에도에서 이이가 타고 가던 가마 행렬을 습격해 그를 암살합니다. 이로써 일본 열도는 역사의 소용돌이로 빠져가게 되었지요.

시대의 바람을 타고

미국과 조약을 체결하자 다른 열강들도 막부 정부에 불평등조약을 체결하자고 다그치며 일본의 개항을 요구하기 시작합니다. 그 반작용으로 존왕양이 운동의 불길은 더욱 거세졌습니다. 서양 세력에 대한 위기의식이 고조되면서 목표를 달성하기 위해서라면 어떤 수단을 써도 상관없다는 인식이 퍼져 나갔습니다. 젊은이들은 모두 나라를 걱정하는 '우국지사'가 되어 제 한 몸 불태우고자 했지요.

　스물세 살의 시부사와도 예외는 아니었습니다. 1863년 여름, 사촌 3명과 막부 타도 계획을 세웁니다. 계획만 세운 게 아니었습니다. 그간 부모 몰래 저축해두었던 돈으로 무기를 사고 거사에 동참할 사람을 70여 명이나 규합합니다. 그리고 같은 해 11월 23일을 거병 일자로 잡습니다.

　계획은 무모하리만큼 단순했습니다. '고향에서 가까운 에치고번의 번청이 있는 다카사키 성에 불을 지른다. 그리고 성에 있는 무기를 탈취한다. 지금까지 준비된 무기는 칼과 창 정도다. 그러나 성 안에는 총도 있을 것이다. 이 무기를 손에 넣은 뒤 곧장 요코하마로 진격한다. 그쪽에는 외국인들이 사는 마을이 있다. 그곳을 쑥대밭으로 만든다. 그러면 우리의 목표인 존왕양이의 불길을 전국적으로 퍼뜨릴 수 있다.'

　꽤 엉성해 보이는 계획입니다만, 핵심 멤버 4인방은 멋진 거병 문서까지 만들었습니다. 그러고는 거병하기 전까지 이를 소중히 간직했습니다. 그러나 그해 10월, 거병은 취소됩니다. 4인방 중 한 사람인 오다카 조시치로尾高長七郞가 정보를 수집해보니 70여 명의 병력으로는 계란으로 바위 치기라는 결론이 나왔던 겁니다. 다카사키 성을 공략하는 순간, 주변 다른 성의 성주들이 병력을 파견할 것이고 그렇게 되면 70명의 병력은 모두 죽음을 면치 못할 것이 분명했습니다.

목숨을 바치더라도 세상을 구할 수 있다면 시도하는 게 옳습니다만, 세상을 구하기는커녕 그 과정에 죽은 자가 누군지조차 알 수 없다면 개죽음이 따로 없습니다. 우국충정도 때가 있는 법. 때가 오기를 좀 더 기다리자는 오다카의 설득에 시부사와를 비롯한 나머지 사람들은 다들 고개를 끄덕였습니다.

그렇게 하나둘씩 흩어져 원래의 일상으로 돌아갔습니다. 그런데 시부사와가 느끼기에 주변의 눈길이 심상치 않았습니다. 세상이 뒤숭숭해 온미쓰隱密(막부나 다이묘가 고용한 탐정)들이 흔해진 터였습니다. 누가 온미쓰고 누가 불만분자인지 알 수 없는 세상이었습니다. 시부사와는 감시의 눈을 피해 고향을 떠나 천황의 도시, 교토로 갑니다. 많은 사람이 오가는 곳이다 보니 신분을 감추기에도 좋았습니다.

마음 놓고 지내던 것도 잠시, 1864년 2월 절체절명의 위기를 맞습니다. 오다카가 에도로 가던 중 살인죄로 잡힌 겁니다. 공교롭게도 그의 품 안에서 시부사와와 주고받은 편지가 나옵니다. 거기에는 '막부 타도'에 관한 내용이 담겨 있었습니다. 시부사와의 이름은 순식간에 범죄자 명단에 오릅니다. 증거가 있으니 빼도 박도 못 하는 신세가 되어버린 것이지요.

이때 시부사와의 은인이 나타납니다. 바로 히라오카 엔시로平岡円四郎입니다. 그는 15대 쇼군이 된 도쿠가와 요시노부德川慶喜의 최측근이었습니다. 당시 상황을 좀 더 알아봅시다.

앞서 이이의 도움을 받아 14대 쇼군 자리에 이에모치가 올랐다고 말했습니다. 이때 14대 쇼군 자리를 두고 경합을 벌인 인물이 있으니, 바로 요시노부입니다. 능력은 요시노부가 뛰어났지만, 혈통에서나 정부 내 파벌에 미치는 영향력에서 이에모치에게 밀렸습니다. 경쟁에서 패한 요시노부는 당분간 근신해야 했습니다. 오래전 이야기입니다만, 우리나라에서도 대통령 선거같이 중요한 정치 이벤트에서 패배하면 몇 년간 미국 같은 곳에 가 있지 않았습니까. 그런데 이에모치의 최측근, 이이가 암살을 당합니다. 14대 쇼군은 아직 어린아이였어요. 스물세 살의 청년, 요시노부는 곧바로 14대 쇼군의 후견인이 됩니다. 근신하던 처지에서 쇼군의 후견인이 되기까지 모든 일을 음지에서 처리한 사람이 바로 히라오카입니다. 요시노부의 입장에선 정말 든든한 측근이었겠죠.

히라오카가 워낙 일을 잘하다 보니 당시 세간에서는 이런 말까지 돌았다고 합니다. "천하의 권력! 조정에 있는 줄 알았더니 막부에 있고, 막부에 있는 줄 알았더니 히도쓰바시 가문(도쿠가와 요시노부는 열 살 때 히도쓰바시 가문의 양자로 들어가 쇼군이 되기 전까지 히도쓰바시 요시노부로 불렸습니다)에 있고, 히도쓰바시 가문에 있는 줄 알았더니 히라오카에게 있네!" 간단히 말해, '회장에게 권력이 있는 줄 알았더니 회장 비서실장에게 권력이 있네' 정도로 이해하면 되겠습니다. 이야기하기 좋아하는 사람들이 과장을 섞어서 한 말에 불과했지만, 이런 말이 돌았다는 것 자체가 히라오카의 권력이 그만큼 막강했다는 반증이기도 합니다.

1863년 여름, 시부사와는 히라오카에게 천거됩니다. 사실 천거라고 할 수도 없습니다. "세상 돌아가는 일을 파악하기 위해 농민들하고 대화나 나눠볼까" 하는 히라오카의 말에 시부사와란 똑똑한 청년이 있다는 소문이 들어갔고, 호기심 많은 히라오카가 "도대체 시부사와가 어떤 사람이야?"라며 궁금해서 불렀다고 합니다.

그러나 선수끼리는 금방 알아보는 법입니다. 두 사람은 만나자마자 서로에게 끌렸습니다. 히라오카가 시부사와보다 열여덟 살이나 많았는데도 말이지요. 한두 번 더 만난 뒤 히라오카는 시부사와에게 함께 교토로 가자고 제안합니다. 그 무렵 시부사와는 거병 계획을 세우고 있었기 때문에 "지금은 사정이 있어 힘듭니다. 다음에 기회가 되면 꼭 가겠습니다"라고 에둘러 거절합니다. 히라오카는 "알겠네. 내가 우리 집에 얘기해놓겠네. 교토에 오고 싶은 마음이 생기면 아무 때나 우리 집에 와서 자네 이름을 말하게"라고 답하지요. 이렇게 두 사람은 헤어집니다.

타도 대상의 가신이 되다

사실, 시부사와는 교토에 갈 마음이 전혀 없었습니다. 천황을 복권하고 막부를 타도하자는 존왕양이의 뜻을 품고 있었으니, 당연히 막부의 가신에게 의탁할 마음은 없었을 겁니다. 그냥 인사치례로 한 말을 히라오카는 진지하게 받아들였습니다. 영민한 시부사와가 퍽 마음에 들었던 것이지요.

앞서 살펴본 대로 거병 계획은 틀어집니다. 계속 고향에 머무를 수 없었던 시부사와는 히라오카의 말이 떠올라 그의 집을 찾아갑니다. 히라오카는 그가 교토로 올 수 있도록 통행증을 준비하라고 지시해놓은 상태였습니다.

히라오카의 세심한 배려로 시부사와는 감시의 눈을 피해 교토에서 겨울을 따뜻하게 보낼 수 있었습니다. 그러던 중 2월 어느 날, 오다카가 체포되었다는 소식이 들려옵니다. 게다가 '막부 타도'를 주장하는 자신의 편지가 발견되었다는 것을 알게 되자 눈앞이 캄캄해졌습니다. 다음 날 아침, 히라오카에게 만나자는 전갈이 왔습니다. 그가 인사를 건네자 히라오카는 대뜸 이렇게 물었습니다.

"지금까지 살아오면서 사람을 죽이거나 남의 재물을 훔친 적 있는가?"

"누군가를 죽이고 싶다는 마음을 먹은 적은 있습니다. 하지만 실행에 옮긴 적은 없습니다. 다른 이의 재물은 탐낸 적은 결단코 없습니다."

"다행이군. 요즘 들어 우국지사네 뭐네 하면서 사람을 죽이거나 재물을 약탈하는 일이 횡행해서 말이야. 그런 일은 없다, 이거지?"

"예, 없습니다."

"그럼 막부에 대해 불온한 생각을 한 적은 없는가?"

시부사와는 내심 당황했지만, 그렇다고 사실대로 말할 수는 없었습니다.

"없습니다."

두 사람 사이에 잠깐 정적이 흘렀습니다. 아주 짧은 순간이지만 그가 느끼기에는 영겁의 시간 같았을 겁니다. 히라오카가 먼저 입을 열었습니다.

"실은 막부에서 문의가 왔다네. 자네가 히도쓰바시 가문의 사람인지 알아봐달라고 말이야. 히도쓰바시 가문의 사람이 아니라면 막부에 데리고 가서 몇 가지 조사를 하고 싶다는군."

히라오카는 말을 이었습니다.

"나는 자네와 좋은 인연을 만들어가고 싶다네. 그런 내가 자네에게 나쁜 의도가 있겠는가! 막부에서 왜 자네를 찾는지 솔직히 말해주었으면 좋겠네."

그러곤 가만히 대답을 기다렸습니다. 시부사와는 어렵게

오다카 이야기를 꺼냈습니다. 히라오카의 얼굴에는 안타까운 기색이 역력했습니다.

"그런 일이 있었군. 지금 같은 시국에 투옥되면 십중팔구 거기서 죽을 거네. 자네 친구는 정말 가엾게 되었군. 그나저나 내가 자네를 도울 수 있는 길은 하나뿐이네. 자네는 이제부터 히도쓰바시 가문의 사람이 되게."

"네?"

"히도쓰바시 가문의 사람이 되어야 하네. 지금 막부를 지휘하는 쇼군은 엄연히 따로 있네. 하지만 히도쓰바시 가문을 이끄는 요시노부 님이 쇼군의 후견직을 맡고 있지. 아무리 막부라 해도 히도쓰바시 가문을 함부로 건드릴 순 없네. 자네 뜻만 분명하다면 요시노부 님을 알현할 기회를 만들어보지."

시부사와는 머릿속이 복잡했을 겁니다.

"하루만 생각할 시간을 주십시오."

그는 고민에 빠졌습니다.

'나는 이제껏 막부 타도라는 목표를 내걸고 살아왔다. 그런 내가 히도쓰바시 가문으로 들어간다? 결국 변절자가 되는 것 아닌가. 구차하게 사느니 차라리 자결하는 게 낫지 않을까.'

그의 생각은 천 갈래, 만 갈래 갈라졌습니다.

'그런데 그냥 죽어버린다면 무슨 의미가 있을까? 지난번에 거사를 포기한 것도 헛된 죽음을 피하기 위해서였다. 지금 잡혀

간다면 이 역시 헛된 죽음 아닌가!'

　'내가 막부 타도를 주장하는 이유는 무엇인가? 막부를 무너뜨리기 위해서인가? 아니다. 더 나은 천하를 만들기 위해서다. 그렇다면 막부와 가까우면서도 먼, 그래서 오묘한 관계를 맺고 있는 히도쓰바시 가문에 들어가서도 막부를 타도할 수 있지 않을까? 막부의 대항 세력이라고 할 수 있는 히도쓰바시 가문의 힘을 키운다면 이 또한 하나의 방법이 될 수 있다.'

　이렇게 결론 내린 시부사와는 다음 날 히라오카에게 자신의 뜻을 전했습니다. 그리고 그의 주선으로 요시노부를 만나 그의 가신이 됩니다. 덕분에 그는 죽지 않고 살 수 있었습니다. 이후 파리만국박람회도 갈 수 있게 되었지요. 사람의 인생이 어떻게 될지는 그 누구도 알 수 없습니다.

운명은 누구에게 미소 짓는가

얘기가 길어졌습니다. 시부사와가 히라오카를 만나지 못했다면, 그의 인생은 어떻게 풀렸을까요? 히리오카의 제안을 거절했다면 어떻게 됐을까요? 어쩌면 히라오카의 말처럼 감옥에서 죽음을 면치 못했을 수도 있습니다. 아니면 아버지의 뒤를 이어 농사를 짓고 장사를 했을 수도 있지요. 어찌 되었든 일가를 이룰 순 있었을 테지만 1만 엔권의 모델이 될 정도의 인물로 성장하지는 못했을 겁니다.

사자는 태어날 때부터 사자로 태어납니다. 그러나 인간은 모두 벌거숭이로 세상에 나옵니다. 부모의 희생적인 사랑이 없으면 살아갈 수 없습니다. 인간은 태어난 순간, 누군가의 도움이 없으면 걷지도, 먹지도 못합니다. 백지 상태이지요. 유아기와 청소년기에도 누군가의 도움을 받아야 합니다. 이것이 인간의 숙명입니다. 그러나 그 덕분에 교육에 따라, 운명에 따라, 인연에 따라 경영자도, 농부도, 정치가도, 엔지니어도, 작가도 될 수 있습니다.

시부사와뿐만 아니라 누구나 살아가면서 한 번쯤 크고 작은 은인을 만나게 됩니다. 이 책을 읽고 있는 여러분도 인생을 바꾼 또는 바꿔준 사람이 있을 겁니다. 그런 사람을 실제로 만났을 수도 있고, 아니면 책을 통해 접했을 수도 있습니다. 아직 만나지 못했다면 언젠가 반드시 만나게 될 겁니다.

소프트뱅크Softbank의 손정의 회장은 자기 인생 최고의 은인으로 샤프Sharp의 사사키 다다시佐々木 正 부사장을 꼽습니다. 손정의는 아시다시피 재일한국인 3세입니다. 가난했고 국적마저도 한국인 까닭에 어린 시절부터 차별을 받으며 자랐습니다. 일본에서 외국인으로 사업하면서 겪는 어려움 때문에 1990년 일본으로 귀화하지요.

그는 고등학교 1학년 때 미국 연수를 갔던 것을 계기로 미국으로 건너갑니다. 미국은 수많은 기회가 열려 있는 땅으로 보였다고 합니다. 그러나 어디에서나 돈은 필요하게 마련입니다. 아르바이트를 해서 돈을 모으려고 했지만 투자하는 시간에 비해 받는 돈이 적다는 생각이 들었습니다. 문득 '발명을 해서 돈을 벌자'는 생각이 떠올랐지요. 그래서 매일 5분씩 발명하는 데 할애했습니다. 그러기를 100일, 150일……. 대부분 시시한 아이디어였지만, 단 하나 쓸 만한 걸 건집니다. 음성 발신기와 사전, 액정화면을 결합한 다중어 번역기를 발명한 것이지요. 엔지니어링 지식이 부족했던 그는 다짜고짜 버클리대학교의 포레스터 모더 교수를 찾아갑니다. 그를 비롯해 여러 사람의 도움을 받아 마침내 1978년 9월 시제품을 완성합니다. 이제 상품화만 하면 됩니다.

대학생 신분이었던 손정의는 번역기의 상품화를 위해 일본으로 돌아옵니다. 출발하기 전에 소니Sony, 샤프, 캐논Canon, 카시오Casio, 마쓰시타松下 등 일본 가전업체 수십 곳에 제안서를 보냈습니다. 그는 번역기의 성공을 확신했지만 기업들의 반응은 그리 호의적이지 않았습니다. 특히 카시오는 제품을 제대로 살펴보지도 않고 문전박대했습니다. 이 일은 손정의의 자존심을 크게 상처 입혀 그는 이후 다시는 카시오를 찾지 않습니다. 다행히 샤프와는 원만하게 협상이 진행됩니다. 이때 샤프의 사사키를 만나게 됩니다. 환갑이 넘은 사사키의 눈에 갓 스물을 넘긴 손정의는 말 그대로 햇병아리처럼 보였을 겁니다. 그러나 번역기를 들고 열정적으로 설명하며 질문에 거침없이 대답하는 그의 모습을 보면서 흥미를 갖게 되었지요.

사사키는 계약금으로 2,000만 엔을 제안합니다. 손정의는 이 돈으로 개발팀원들에게 성공 보수를 지급하고 1979년 소프트웨어 개발회사 유니손월드UNISON WORLD를 창업합니다. 샤프는 이 제품을 바탕으로 세계 최초로 휴대용 전자번역기를 출시합니다. 이는 후일 전자수첩으로 발전하지요.

사사키는 이후에도 자기 집을 담보로 대출을 받아 손정의에게 1억 엔을 사업자금으로 빌려주는 등 평생의 후원자가 됩니다. 손정의 또한 이러한 은인을 평생 잊지 않았지요. 다음 글을 보시죠.

2014년 4월 28일, 검은 승용차에서 내린 손정의는 짙은 회색 양복 차림이었다. 목에서 가슴 아래로 화사하게 드리운 핑크빛 넥타이가 2~3주 전까지 활짝 폈던 벚꽃을 연상시켰다. (중략) 최고 간부들이 모두 모여 맞이한 주인공은 한 노인이었다. 사사키 다다시. 그는 99세 생일을 2주 앞두고 있었다. 차림새는 단정하고 7 대 3으로 가르마를 탄 짧게 자른 백발은 정갈하게 다듬어져 있었다. 워낙

그림 5. 99세 생일을 맞은 사사키와 이를 축하하는 손정의 회장

고령이다 보니 허리가 구부러진 채 한 손으로 지팡이를 짚고 있었다. 하지만 무사 집안에서 교육받은 사람답게 남자다운 기품이 서려 있었다.

《손정의 300년 왕국의 야망孫正義300年王国への野望》 머리말의 한 대목입니다. 사사키의 99세 생일을 축하하는 장면을 묘사한 글이죠. 1970년대 말에 처음 만났으니 35년의 세월이 흐른 뒤 이야기입니다. 사사키에 대한 손정의 마음은 앞의 글처럼 한결같았습니다. 사사키는 2018년 103세로 세상을 떠납니다.

고집불통이고 성격이 독특하기로 유명한 스티브 잡스Steve Jobs에게도 은인이 있습니다. 승려 오토가와 고분乙川弘文이 바로 그입니다. 1975년 잡스는 히피 생활에 빠져 있었습니다. 그때 선禪 수행 지도자인 오토가와 선사를 만납니다. 히피 문화와 선 문화. 잘 어울릴 것 같지 않습니까. 선의 매력에 빠진 잡스는 한때 승려가 되려고 할 정도였어요. 오토가와 선사는 그에게 "사업과 구도求道는 본질적으로 같다"고 말한 것으로 유명합니다. 잡스는 자신의 결혼식 주례를 오토가와 선사에게 맡길 만큼 그들의 관계는 돈독했습니다.

은인이 한 사람만 있는 것은 아닙니다. 스타벅스Starkbucks 제국을 건설한 하워드 슐츠Howard Schultz는 스타벅스 창업자가 아닙니다. 커피를 사랑하는 3명의 창업자가 1971년 스타벅스를 만들었습니다. 슐츠는 마케팅 담당자로 1982년 합류합니다. 처음 면접을 볼 때 너무 열렬하게 스타벅스의 미래에 대해 열변을 토하는 바람에 입사를 거절당한 사건은 유명한 일화입니다. 스타벅스의 조용한 조직 문화와 열정가 슐츠가 맞지 않다고 본 것이죠. 이때 3명의 창업자 중 한 명인 제럴드 볼드윈Gerald Baldwin이 다른 창업자를 설득해서 슐츠를 마케팅 담당자로 뽑습니다. 볼드윈이 없었다면 슐츠의 스타벅스 제국은 탄생하지 못했을 겁니다.

슐츠는 3년 후 스타벅스를 떠나 일 지오날레Il Gionale라는 카페 브랜드를 만듭니다. 이때까지만 해도 스타벅스는 커피숍이 아닌 원두를 공급하는 사업을 했습니다. 슐츠가 새로운 비즈니스를 시작할 때도 볼드윈은 첫 번째 투자자로 참여합니다. 그만큼 슐츠의 역량을 믿었던 것이지요.

슐츠는 커피를 사랑했지만, 커피 전문가는 아니었습니다. 그는 새로운 사업을 시작하면서 시애틀 최고의 커피 전문가 데이브 올센Dave Olsen을 만납니다. 이탈리아 스타일 커피숍을 만들겠다는 슐츠의 포부는 올센의 마음을 바로 사로잡았습니다. 스타벅스가 최고 품질의 커피를 공급하고 역량 있는 바리스타를 육성할 수 있었던 것은 모두 올센의 능력 덕분이었죠. 그렇게 슐츠는 두 은인의 도움으로 지금의 스타벅스 제국을 건설할 수 있었습니다. 아무리 사업가라 해도 혼자 할 수 있는 일은 의외로 많지 않습니다.

저에게도 은인이 있습니다. 직장인의 자세가 어떤 것인지 가르쳐주신 첫 직장 상사를 비롯하여 인생의 중요한 순간마다 때로는 큰형님처럼, 때로는 코치처럼 조언을 아끼지 않으신 분, 글로벌 협상가로서의 능력을 키워주면서 '모든 것은 협상 가능하다everything is negotiable'라는 비즈니스 철학을 일깨워주신 분, 강력한 카리스마로 조직을 통솔하면서 리더로서 어떻게 행동해야 하는지 고개를 끄떡이게 만들어주신 분이 계셨습니다. 이분들은 30대 후반의 저에게 많은 도움을 주셨습니다. 임원이 될 때도 여러분이 도와주셨습니다. 모두 고마우신 분들입니다. 여러분도 돌이켜보면 인생의 은인들이 반드시 있을 겁니다.

그런데 좀 엉뚱한 생각을 해볼까요. 어떻게 해야 은인을 만들 수 있을까요? 부모 자식 관계야 피로 얽혀 있으니 은혜를 주고받는 게 당연하다고 생각할 수 있습니다. 하지만 일반적인 관계는 그렇지 않죠. 생면부지의 사람과 도움을 주고받는 것은 매우 드문 일입니다. 그렇다면 시부사와, 손정의, 잡스, 슐츠는 어떻게 인연의 고리를 만들 수 있었을까요?

은인을 만들기 위해서는 먼저 자신만의 매력을 갖고 있어야 합니다. 그것은 좋은 인간성일 수도 있고, 특출난 재능일 수도 있습니다. 여러분에게 도움을 줄 수 있는 상대방이 여러분을 매력적으로 보면 특별한 관계가 만들어지기 시작합니다.

히라오카는 시부사와의 어떤 점을, 사사키는 손정의의 무엇을, 오토가와는 잡스의 어떤 면을 매력적으로 봤을까요? 이들은 대화를 통해 그들의 비범함을 발견했을 겁니다. 대화의 매너도 중요하지만, 대화의 내용, 즉 콘텐츠가 더욱 중요합니다. 그 콘텐츠가 매력적으로 느껴져야 인연을 만들 수 있습니다.

여러분의 콘텐츠는 무엇인가요? 이를 더욱 매력적으로 만들려면 무엇을 해야 할까요? 곰곰이 생각해 보기 바랍니다. 이번 장을 마무리하면서 막부의 실세, 히라오카를 사로잡은 시부사와의 매력은 무엇인지 생각해봅시다.

한마디로 정리하자면, '주판을 든 사무라이'가 시부사와가 가진 매력이었습니다. 그는 20대에 가문의 양잠업을 이끌 만큼 숫자와 이문에 밝은 '상인의 감각'이 있었고 존왕양이를 꿈꾸며 어설프게나마 봉기 계획을 세울 만큼 '무사의 기개와 실행력'을 갖추고 있었습니다. 이런 점을 높이 사서 히라오카는 그를 요시노부에게 천거하게 됩니다. 이후 시부사와는 요시노부의 가신이 되어 사람과 돈을 관리하는 일을 맡게 됩니다. 기업으로 치면 인사, 재무 업무를 한 것이죠. 그리고 이를 통해 새로운 세상을 만날 기회를 얻게 됩니다.

2장.

칼을 놓고
자본주의를
입다

파리만국박람회

'그래, 시부사와를 보내야겠다. 그라면 믿고 맡길 만하다!'

　　1866년 겨울 어느 날, 도쿠가와 막부의 마지막 쇼군, 도쿠가와 요시노부는 고심 끝에 그렇게 결정을 내렸습니다. 그러고는 심복인 하라 이치노신原市之進을 부릅니다.

　　"하라, 이번 파리만국박람회 초청건 있지 않나!"

　　"네, 주군."

　　"초청을 받았으니 참가단을 보내야겠지. 내가 자리를 비울 순 없고, 내 동생 아키타케(도쿠가와 아키타케德川昭武)를 보내려고 하네. 그런데 아키타케는 이제 겨우 열세 살이지 않은가. 아직 공부를 더 해야 할 나이지. 이번 파리 박람회에 참석하는 김에 프랑스에 유학을 보내려고 하네. 자네 생각은 어떤가?"

　　"훌륭한 결정이십니다."

　　"그러려면 아키타케를 옆에서 보좌해줄 사람이 필요하겠

지. 한데 함께 가는 일행 중에는 마땅한 사람이 없단 말이지. 그래서 시부사와를 보내려고 하네.”

“알겠습니다. 제가 시부사와에게 그리 이르겠습니다.”

해야 할 일 하나를 마무리하자 답답하던 속이 조금은 가라앉았습니다. 일본 내부의 불온한 움직임과 외국 세력 때문에 초래된 혼란으로 현안이 산더미처럼 쌓여 있던 터라 한 가지 일을 해결했다고 해서 속이 후련할 리 없습니다. 그래도 시부사와가 있으니 그나마 다행입니다.

요시노부는 잠시 상념에 잠깁니다. 2년여 전인 1864년 봄, 시부사와를 처음 만났던 때를 떠올려봅니다. 그의 오른팔 히라오카 엔시로의 주선으로 마련된 자리였습니다. 요시노부는 히라오카를 진심으로 신뢰했습니다. 그가 암살당하지 않았더라면 하라가 아닌 히라오카에게 시부사와를 파리로 보내라고 했겠지요.

‘아내가 예쁘면 처가 울타리까지 예쁘다’는 말이 있습니다. 요시노부는 히라오카에게 믿음이 가니 시부사와 또한 마음에 들었습니다. 그는 시부사와의 재능을 살려 가문의 사람과 돈을 관리하는 일을 맡겼습니다. 사람과 관련된 일인 인사人事와 돈을 관리하는 일인 재무財務를 일임한 것이지요. 이 2가지 업무는 오늘날 기업에서도 가장 내밀한 영역입니다. 시부사와는 기대만큼 일을 잘했고, 그럴수록 신뢰가 쌓여갔습니다.

시부사와가 요시노부를 알현했을 때만 해도 요시노부는

'히도쓰바시 가문의 실력자'에 불과했습니다. 그런데 2년 후 쇼군의 자리에 오르게 됩니다. 그사이 어떤 일이 있었던 걸까요?

마지막 쇼군과 3대 번벌

다시 일본 근대사를 살펴보겠습니다. 우리가 시부사와에 대해 공부하는 이유는 단지 그의 성공 신화를 알기 위해서가 아닙니다. 그의 삶을 통해 일본 경제 시스템이 만들어진 전후 사정을 알아보고자 하는 의미가 있습니다.

1600년 도쿠가와 이에야스가 일본을 통일하는 데 결정적인 역할을 한 세키가하라 전투関ヶ原の戰い가 벌어집니다. 당연히 이에야스와 같은 편인 아군과 상대편인 적군이 있었겠지요. 모두가 알다시피 이 전쟁에서 이에야스가 승리하면서 도쿠가와 막부가 세워집니다. 그러나 전쟁에서 이겼다 해도 반대편에 서 있던 세력을 무시할 순 없었습니다. 그래서 적군 중에 항복하고 충성을 맹세한 세력은 용서하고 신하로 들입니다.

도쿠가와 막부는 조선과 달리 각 지역을 군벌 격인 장군들이 나눠 지배하는 번藩이 존재하는 봉건국가 형태였습니다. 여기서 번은 제후들이 다스리는, 어느 정도 독립된 국가라고 보면 됩니다. 쇼군이 일본 전역을 다스리는 게 아니라, 충성 서약을 한

그림 6. 마지막 쇼군, 도쿠가와 요시노부

막부의 몰락을 초래했지만 동시에 평화적 권력 이양으로 큰 피해 없이 메이지 정부가
들어서는데 기여한 인물로 평가받는다.

제후들에게 권력과 땅을 나눠주고, 큰 문제가 없는 한 세습하도
록 했습니다. 이때 일본 전역을 제후들에게 나눠주면서 수도였
던 에도(지금의 도쿄) 주변에는 이에야스의 일족과 가신들을 배
치하고, 상대적으로 의심스러운 제후들은 멀리 두었습니다. 메
이지유신 이후 번을 폐지하고 중앙집권체제를 꾀한 폐번치현廢

藩置県 조치를 취할 당시 존재했던 번의 수는 261개였습니다. 이 261개가 모두 하나의 작은 국가였다고 볼 수 있습니다.

그렇게 200년의 세월이 흐른 뒤, 권력의 변방에 머물러 있던 번에서 강자들이 등장합니다. 번이 얼마나 강한지는 그 땅을 지배하던 제후의 쌀 생산량으로 가늠할 수 있습니다. 앞서 시부사와 집안은 350석 정도의 부농이었다고 했습니다. 제후 밑에는 부농도 있고 빈농도 있었습니다. 이들의 생산량을 모두 더하면 그 제후의 생산량이 됩니다.

도쿠가와 막부가 막 들어설 당시에는 제후가 270명 정도 있었습니다. 20만 석 이상인 제후는 20여 명 정도였지요. 10만 석 이상이면 꽤 대우를 받았다고 합니다. 그중에서 막부를 쓰러트리고 메이지 정부를 세운 '3대 번벌'인 사쓰마번은 72만 석, 조슈번은 36만 석, 도사번은 24만 석이었습니다. 이들은 모두 세키가하라 전투에서 이에야스의 반대편에 섰던 세력으로, 일본 지도를 보면 알 수 있듯 에도에서 멀리 떨어진 변방에 자리 잡고 있습니다. 200년이 지난 시점에 쇼군의 권력이 점차 약화되면서 이들이 다시 경쟁 세력으로 떠오릅니다.

앞서 이이 나오스케가 그의 힘으로 도쿠가와 이에모치를 14대 쇼군으로 만들었다고 말씀드렸습니다. 당연히 권력은 이이의 손에 있었습니다. 이이는 여세를 몰아 미일수호조약을 체결합니다. 사쓰마, 조슈, 도사 등 이에야스의 반대편에 섰던 세력

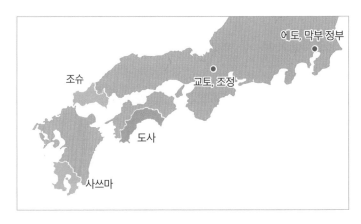

그림 7. 도쿠가와 막부를 무너뜨린 3대 번벌의 위치

조슈, 사쓰마, 도사는 막부에 반기를 든 대표적인 번벌이다. 메이지 정부의 주요 인사들은 이 3곳의 번 출신들이 많다.

은 이런 막부의 결정이 마음에 들지 않았습니다. 게다가 미일수호조약을 체결할 때는 천황의 재가도 없이 밀어붙이지 않았습니까? 이들이 불만을 토로하자 이이는 대대적인 숙청 작업에 들어갑니다. 이를 안세이 대옥安政大獄이라고 합니다. 당시 천황의 연호가 안세이였는데요, 그 시대에 일어난 정치적 숙청을 지칭하는 표현입니다. 요약하면 '천황 중심의 권력 회복과 외국에의 개방에 반대하는 세력을 탄압'한 것이죠.

　탄압받는 쪽은 가만히 있었을까요? 복수의 칼날을 갈며 때를 기다렸겠죠. 그리하여 1860년 3월 24일, 일이 벌어집니다. 한 무리의 무사들이 이이를 암살합니다. 이를 사쿠라다문의 밖의 변 桜田門外の変이라고 합니다.

이이는 갑작스러운 죽음을 맞았고, 쇼군 이에모치는 아직 열다섯 살에 불과했습니다. 후견인이 죽었으니, 쇼군의 권위도 함께 떨어졌겠지요. 이후 일본 정국은 요동칩니다. 그렇게 시간이 3년 정도 흐릅니다. 그간 막부의 힘은 더욱 약해지고 천황의 세력은 힘을 더해갔습니다.

1863년 봄, 천황이 쇼군 이에모치를 교토로 부릅니다. 교토로 상경한 쇼군에게 천황은 "외국 세력이 다시는 일본에 발을 붙이지 못하도록 하라"라고 요구합니다. 시대를 전혀 읽지 못한 요구이자 지킬 수 없는 명령이었지요. 세상은 이미 바뀌고 있었습니다. 일본이 제아무리 목소리를 높여도 외국 선박들은 콧방귀도 뀌지 않고, 늘 그렇게 했듯 일본의 항구를 자유롭게 왕래했습니다. 그러나 천황의 높아진 권위에 맞설 수 없었던 쇼군은 천황의 요구를 받아들입니다.

쇼군이 천황에게 조약 폐지를 약속한 기한은 같은 해 5월 10일입니다. 하지만 지킬 수 없는 약속이라는 것을 모두가 알고 있었습니다. 그래서 유럽 상선들은 아무 거리낌 없이 항구 도시 시모노세키를 왕래했습니다. 당시 시모노세키를 지배하던 번은 조슈였습니다. 그런데 5월 10일, 조슈가 갑자기 이 지역을 왕래하던 프랑스, 네덜란드, 미국 상선을 공격합니다. 천황이 이끄는 조정도, 쇼군이 이끄는 막부도, 일본에 주둔해 있던 외국 외교사절들도 깜짝 놀랐습니다. 계란으로 바위 치기를 실제로 할 줄은 아무도 몰랐거든요.

열강이 가만히 맞고만 있을 리 없습니다. 일본이 갖고 있지 않던 최신 무기로 무장한 함대를 동원해 조슈를 일방적으로 공격합니다. 조슈의 외국 상선 공격은 천황의 승인을 받지 않은 것이니 이 또한 천황을 무시한 행동이라고 볼 수 있습니다. 조슈는 순식간에 국내외에서 '공공의 적'이 됩니다. 이를 빌미로 1864년, 막부는 다른 지역의 제후들과 함께 조슈를 징벌하기로 합니다. 다행히도 총칼로 싸우기 직전에 화해로 끝납니다. 막부와 싸워야 한다고 주장한 조슈의 강경파 신하들은 할복하거나 목이 베어졌습니다. 이 정도면 조슈와 막부의 관계는 겉으로라도 회복되었어야 합니다. 그런데 조슈에서 쿠데타가 일어나 막부에 반대하는 세력이 정권을 잡게 됩니다.

그래서 막부는 1866년 재차 조슈를 공격하기 위해 각 번에 동원령을 내립니다. 그러나 여러 번의 연합으로 구성된 막부군은 조슈군과 비교해 사기 면에서나 무장 면에서 그리 사정이 좋지 않았습니다. 한편 3대 번벌 중 한 곳인 도사 출신의 사카모토 료마坂本龍馬의 중재로 조슈와 사쓰마가 비밀리에 동맹을 맺어 막부군에 균열이 일어납니다. 그 와중에 이에모치가 사망하고 차기 쇼군으로 요시노부가 결정됩니다. 막부는 조슈를 정벌할 상황이 아니었습니다. 앞서 막부가 조슈를 공격하기 위해 천황의 승인을 받았던 것처럼 공격을 멈추기 위해서도 천황의 승인이 필요했습니다. 예나 지금이나 명분이 중요합니다. 이에모치의 사망을 이유로, 천황은 "더 이상 조슈를 공격하지 마라"라고 명령합니다. 막부의 명분을 살려주긴 했지만, 실질적으로는 막부가 패배한 전쟁입니다. 쇼군 직책을 이어받은 요시노부는 더 이상 '일인지하 만인지상'의 지배자가 아니었습니다. 이런 상황이니 쇼군이 된들 기뻤겠습니까? 그저 가슴이 막막할 뿐이었죠. 힘의 축은 구체제인 막부에서 천황과 3대 번벌로 기울고 있었습니다. 이와 더불어 서양의 화력을 목격한 일본 엘리트들은 서양을 물리치자(양이)는 생각에서 서양을 배우자는 쪽으로 생각이 변해가기 시작합니다.

칼보다 강한 자본주의의 힘

이런 사정 속에서 하라는 시부사와에게 요시노부의 명령을 전달합니다.

"시부사와, 지금 프랑스를 지배하는 왕이 나폴레옹 3세라는 것은 알고 있겠지?"

"예, 메쓰케 님"

하라의 직책은 메쓰케目附였습니다. 지금으로 치면 감찰관이지요. 쇼군과 직접 대면할 수 있는 자리입니다.

"그들이 내년에 만국박람회를 개최하는데, 우리 막부에 참여를 요청해 왔다. 주군(요시노부)은 아키타케 님을 단장으로 삼아 파리로 보내고, 이후 프랑스에서 유학시킬 계획이시다. 그 보좌역을 너에게 맡기라는 지시가 떨어졌다."

"예? 저에게요? 제가 감히……."

"아니다. 너의 능력은 주군께서도 훤히 알고 계시다. 그러니 직접 네 이름을 거명하신 것 아니겠느냐."

"예! 알겠습니다. 주군과 메쓰케 님의 은혜에 보답하도록 노력하겠습니다."

"내년 이른 봄에 출발이다. 부지런히 준비해라."

갑작스러운 부름에 무슨 일일까 의아해하던 시부사와는 하라의 처소를 나오면서 하늘을 바라봤습니다. 초겨울이라 그런지 해가 짧아져 이미 어둑어둑했습니다. 달빛 또한 차가웠습니다. 히도쓰바시 가문의 인사, 재무 담당자로서 해야 할 일이 태산이었습니다. 성실히 일했고, 실력도 인정받았습니다. 그만큼 업무 범위가 늘어났지요. 요시노부가 쇼군으로 지명되면서 시부사와는 자연스럽게 막부의 가신이 되었습니다. 시부사와는 지난 몇 년간 자신의 변화를 어떻게 생각했을까요?

"막부는 나에게 타도의 대상이지 않았던가? 그런데 여기서 봉록을 받는다는 게 과연 말이 되는가? 쇼군이 바뀌긴 했지

그림 8. 파리만국박람회 일본 사절단

가운데 의자에 앉아 있는 사람이 도쿠가와 아키타케다. 왼쪽 뒷줄 첫 번째 인물이 젊은 시절의 시부사와 에이이치.

만 막부가 바뀐 건 아니지 않은가?"

　　스스로 혼란스럽던 차에 프랑스로의 유학은 가뭄 끝의 단비 같았습니다. 시부사와는 당분간 모든 것을 잊고, 아키타케의 시중을 드는 데 전력을 다하기로 마음먹습니다.

　　시부사와가 스물일곱 살이던 1867년 2월, 파리만국박람회 참관단은 요코하마에서 출발해 나가사키에서 프랑스 상선을 타고 일본을 떠납니다. 이후 상하이, 홍콩, 호찌민 등을 거쳐 3월에 수에즈에 도착합니다. 당시에 수에즈운하는 한창 공사 중이었습니다. 1859년에 시작한 공사가 1869년에 끝났으니 10년이나 걸린 대공사였지요. 그 엄청난 규모를 직접 본 시부사와가 깜짝 놀란 것은 당연한 일이었습니다.

시부사와는 문득 궁금해졌습니다. '이 정도 공사를 하려면 돈이 엄청나게 필요할 텐데, 대체 누가 그 비용을 댄 것일까? 저러다가 공사가 지연되거나 망하면 그 뒷감당은 어떻게 하려고……?' 이때의 의문을 바탕으로 시부사와는 유학 중에 '주식회사' 제도를 비롯한 서양의 경영 체제를 배우게 됩니다.

당시 수에즈운하는 주식 40만 주를 발행해 공사 자금을 조달했습니다. 수에즈운하 주식을 구매한 사람들은 투자한 만큼만 책임을 지면 됩니다. 만약 회사가 망하더라도 투자한 만큼만 피해를 볼 뿐, 나의 다른 재산엔 피해가 가지 않습니다. 당연한 소리를 왜 하느냐고 할 수 있지만, 이 시대에 주식회사는 당연한 제도가 아니었습니다. 당시에는 사업이 망하면 전 재산을 팔아서라도 빚을 갚아야 했습니다. 그러다가 영국, 네덜란드 등이 남아시아에서 실어 오던 향신료 무역의 리스크를 줄일 방편으로 주식회사 제도가 등장합니다. 대표적인 회사가 바로 동인도회사입니다. 주식회사가 인기를 끌면서 단일 국가나 개인이라면 수행할 수 없는 대규모 투자와 개발 붐이 일어납니다. 컬럼비아대학교 총장을 지냈고 노벨평화상을 받은 니컬러스 버틀러Nicholas Murray Butler는 이런 말을 했습니다. "주식회사야말로 근대사에서 가장 뛰어난 걸작이다. 증기기관도 전기도 주식회사의 지원이 없었더라면 세상에 나오지 못했을 것이다."

시부사와 일행은 요코하마에서 출발한 지 45일 만에 파리에 도착합니다. 프랑스 정부는 현지에서 아키타케 일행을 도와줄 사람으로 은행가 폴 플루리 에라르Paul Flury-Hérard를 소개합니다. 시부사와는 그에게 서구의 재정 및 경제 제도에 대해 배웁니다. 주식회사에 관한 상세한 지식도 이 사람에게 배웁니다. 이런 인연으로 에라르는 1873년 일본 정부에 초빙되어 금융 시스템 개혁에 기여하고, 제일국립은행 설립에 참여하는 등 일본 근대화에 도움을 주었습니다.

시부사와는 파리의 그랜드 호텔에 묵으면서 주식거래소를 비롯해 콩코드 광장, 노트르담 성당, 뤽상부르 궁전 등을 방문합니다. 지금도 이름만 들어도 가슴 설레는 곳입니다. 150여 년 전엔 오죽했겠습니까? 한밤에도 가스등이 환하게 켜진 파리의 휘황찬란함에 박람회 참관단의 눈이 휘둥그레졌음은 당연하겠죠.

마침내 방문 목적인 만국박람회장을 찾아갑니다. 그 자리에서 서구의 진보된 기술과 산업화된 사회 구조에 깊은 인상을 받았습니다. 특히 증기기관, 철도, 전신, 인쇄 기술 등 당시 최첨단으로 간주되던 기술이 인상적이었습니다. 이때의 경험을 바탕으로 시부사와는 일본에 돌아간 후 철도 건설과 기업 설립에 매진하게 됩니다. 당시 일본관의 모습은 어땠을까요? 일본관 전시관의 모습은 그림으로 남아 있습니다(그림9 참조). 기모노를 입은

그림 9. 파리만국박람회장 일본관의 모습

일본 여인들, 이들을 구경하는 서양 복장의 외국 남녀들의 모습
이 이채롭습니다.

시부사와는 유럽에 갈 때까지만 해도 존마게丁髷를 하고
두 자루의 칼을 찬 전형적인 사무라이 복장을 하고 있었습니다.
존마게는 일본식 상투로, 이마 위 머리를 밀고 후두부에서 머리
를 모아 틀어 올리는 스타일입니다. 시대물 영화에서 볼 수 있는
사무라이의 머리 형태가 바로 존마게입니다. 시부사와는 파리
유학을 계기로 사무라이 복식을 버립니다. 머리를 기르고 양복
을 입었지요. 만국박람회를 찾은 서양인들의 모습을 보며 '유럽
만큼 일본을 발전시키고 싶다. 그러기 위해선 나부터 유럽을 따

라야 한다'고 결심한 것 아닐까요.

1호 영업사원, 벨기에 국왕

시부사와 일행은 5개월 정도 파리에 머무른 뒤, 같은 해 10월 17일 유럽 투어를 떠납니다. 독일, 네덜란드, 스위스, 벨기에, 이탈리아, 영국 등을 방문해 직접 선진문물을 보기로 한 것입니다. 이 중 벨기에에서 일행은 엄청난 충격을 받게 됩니다. 벨기에 국왕이 대략 이런 이야기를 했다고 해요.

"반갑습니다. 좋은 구경 많이 하고 다니신다고 들었습니다. 일본도 부지런히 발전해야겠지요. 나라가 발전하려면, 결국 공업이 발전해야 합니다. 산업혁명이 바로 공업의 발전 아닙니까? 그런데 공업이 발전하려면 철강이 필수입니다. 철강 하면 벨기에지요. 우리나라 제품을 구매해보시면 어떻겠습니까?"

이게 왜 놀랄 일일까요? 요즘에는 각 나라의 최고 권력자가 다른 나라를 방문해 자국의 제품이나 기술을 홍보하는 모습을 쉽게 볼 수 있습니다. 지금이야 놀랄 일이 아니지만, 150년 전 일본인들의 상식으로는 전혀 이해할 수 없는 행동이었습니다. 일본은 신분제가 철저한 사회였습니다. 상업이란 그저 '이익을 추구하는 장사꾼의 놀음'이란 편견이 심해서 상업에 종사하는

그림 10. 사무라이에서 자본가로

유럽 참관을 통해 시부사와는 칼을 내려놓고 자본가가 되기로 결심한다.

사람을 업신여겼지요. 반농반상 집안 출신인 시부사와도 이와 관련된 경험이 있었습니다. 어린 시절, 아버지 대신 관청을 찾아 갔다가 상인이라는 이유로 관리에게 모욕당한 적이 있었어요. 그것이 평생 가슴의 상처로 남아 있었는데, 정작 선진국인 벨기 에의 국왕이 철강 영업을 하는 모습을 보면서 어린 시절의 그 기 억이 주마등처럼 스쳐 갔습니다.

시부사와가 겪은 일을 잠시 소개할까요. 번의 관리가 시부 사와의 아버지를 포함해 3명의 농민을 호출했습니다. 그런데 아버지의 건강이 좋지 않아서 시부사와가 그 자리에 대신 참석했습니다.

"조만간 에도에서 법회가 열릴 예정이다. 그 경비를 마련해야 하니 기부금을 내라. 시부사와 가는 500냥을 준비하라."

시부사와는 황당했습니다. 500냥이면 부농이라도 감당하기 힘든 금액입니다. 일단 정중히 거절했습니다.

"나으리, 황송하오나 저는 대리인일 뿐입니다. 아버지께 여쭈어봐야 합니다."

관리는 아니꼬운 표정으로 시부사와를 보며 거들먹거렸습니다.

"뭐? 아버지에게 물어봐야 한다고? 도대체 네놈은 몇 살이냐?"

"열일곱 살입니다."

"그 나이면 노는 재미도 알 테고, 당연히 아버지 지갑에 몰래 손도 대봤을 나이 아니냐? 당장 승낙해라!"

성실하게 살아온 시부사와는 억울하기 짝이 없었습니다. 그래도 상대방은 관리입니다. 사농공상의 '사'(일본에서는 무사). 시부사와와는 레벨이 다른 사람이었지요. 시부사와는 분을 삭이고 억지웃음을 지으며 말을 이었습니다.

"저는 한 집안의 주인이 아닙니다. 그렇게 큰돈을 제 맘대로 쓸 순 없습니다."

관리는 얼굴이 시뻘게져서 목청을 높였습니다.

"일개 상인에 불과한 놈이 무슨 소리냐? 기부금 낼 기회를 준 것을 감사하게 생각해라!"

시부사와는 굽히지 않았습니다.

"어쨌든 아버지께 여쭤야……."

관리는 이성을 잃어버렸습니다.

"이런 발칙한 놈이 있나. 500냥이 아깝단 말이냐? 더러운 방법으로 번 돈을 아까워하는 것은 네놈 같은 하찮은 장사치들이 숨기지 못하는 야비한 근성이다."

대대로 관리직을 세습한 무사가 직접 돈을 벌어본 적 있을 리 없습니다. 그런데 마치 자기 돈을 맡겨놓기라도 한 것처럼 큰소리를 쳐댑니다. 일개 농민이라는 둥, 장사치의 야비한 근성이라는 둥 모욕을 주면서까지 말이죠.

그런데 벨기에 국왕은 어떻습니까? 국왕이라면 한 나라의 지존입니다. 일본으로 치면 천황에 해당합니다. 그런 자리에 있는 사람이 영업사원을 자처한 겁니다. 그런데 일본에선 하급 관리가 상인을 하찮은 장사치라며 무시하는 짓거리를 한 것이지요.

여담입니다만, 이때 벨기에 국왕은 레오폴드 2세Leopold II 였습니다. 콩고를 식민지화하면서 눈 뜨고는 못 볼 몹쓸 짓을 한 인물로 악명이 자자합니다. 시부사와가 레오폴드 2세를 알현한 것은 1867년이고, 레오폴드 2세가 콩고를 식민지화한 것은 1884년 이후입니다.

유럽의 발전상에 놀란 건 시부사와뿐만이 아니었습니다. 일행 모두 입을 다물지 못했습니다. 여러분이 외국에 가서 선진 문물을 처음 본다면 기분이 어떨까요? 기가 질려 아무것도 못 하고 있을까요? 아니면 '그래도 내가 한국 사람인데, 기죽으면 안 되지' 하고 오히려 발전의 기회로 삼을까요? 사람마다 특성이 있으니 보이는 행동은 다 다를 겁니다. 단체 행동이라면 어떨까요? 한두 명이라도 "야, 무슨 소리야. 꿀릴 게 뭐 있어" 하면서 우르르 몰려다니는 게 인지상정이죠. 당시 시부사와 일행도 그랬던 모양입니다. 놀란 것은 놀란 것이고 "그래도 우리는 대일본국을 대표해서 왔다. 체면을 구겨서는 안 된다"며 여비를 흥청망청 썼다고 합니다.

돈 관리를 담당한 시부사와 혼자의 힘으로는 대세를 거스를 수 없었지요. 여비는 금방 바닥납니다. 시부사와는 막부의 재무장관에게 여비가 떨어졌으니 오리엔탈은행을 통해 돈을 보내달라는 전보를 보냅니다. 당시에는 파리에서 전보를 보내면 일본으로 바로 들어가지 않았습니다. 일본에는 전보를 받을 수 있는 전신 시설이 없었거든요. 일본 최초의 전보 시스템은 1872년에야 만들어집니다. 참고로 우리나라에는 1885년 설치됩니다. 메이지유신 이전의 일본은 기술 수준이 그다지 높지 않았어요.

시부사와가 보낸 전보는 대서양 횡단 전신 케이블을 타고 유럽에서 샌프란시스코로 전달된 후, 선박 편으로 일본에 도착합니다. 급할 때 사용하는 게 전보인데 '돈 떨어졌다'는 짧은 글이 일본에 도착하기까지 1개월이나 소요됩니다. 이를 보면서 시부사와는 부끄러움을 느꼈습니다. 일본은 왜 유럽보다 뒤처졌을까? 그리고 이런 질문을 본격적으로 던지게 됩니다. "유럽 문명 개화의 원인은 무엇일까?"

시부사와의 답은 바로 '주식회사, 은행 제도, 산업설비, 자본주의 시스템'이었습니다. 자신의 운명이 어떻게 흘러갈지, 일본의 운명 또한 어디로 갈지 전혀 모르는 상황이었지만 그는 이때 서구의 기업, 경영 제도를 꼭 들여와 일본의 미래를 바꾸겠다고 결심합니다. 무사 복장을 버리고 양복과 중절모 차림이 된 것은 시대의 변화에 능동적으로 대응하겠다는 결단을 보여준 행동이라고 하겠습니다.

변화에 예민하라

조직원에게 변화에 민감하라는 신호를 상징적으로 보여주는 회사가 있습니다. 바로 메타META입니다.

여러분은 혹시 메타 본사 안에 '선마이크로시스템즈Sun

그림 11. 메타 본사에 있는 대형 간판 앞과 뒤

Microsystems' 간판이 있다는 사실을 아십니까? 메타 본사에 들어가면 유명한 입식 간판이 하나 눈에 띕니다. 메타의 로고가 새겨져 있고, 아래쪽에 '1해커웨이Hacker Way'라고 쓰여 있습니다(사명이 메타로 바뀌기 전에는 페이스북의 상징인 '좋아요'를 뜻하는 엄지척 마크가 그려져 있었습니다). 그런데 이 간판의 뒷면에는 '선마이크로시스템즈'라는 낡은 글씨가 보입니다. 즉, 선마이크로시스템즈 간판 뒷면을 자기네 간판으로 재활용한 것이지요.

메타는 2011년 캘리포니아주 팔로알토의 멘로파크로 이전합니다. 새로운 부지는 원래 선마이크로시스템즈가 있었던 곳이라고 합니다. 선마이크로시스템즈는 1990년대까지 워크스테이션 시장을 선도했던 기업으로, 자바 프로그래밍을 만든 회사로 유명합니다. 그러나 이후 변화에 뒤처져 2010년 오라클Oracle에

82

인수합병됩니다. 메타 경영진은 '빠르게 결정하고 빠르게 더 나은 해법을 찾아내지 않으면, 우리도 선마이크로시스템즈의 전철을 밟게 될 것이다'라는 뜻을 전달하기 위해 그 간판을 재활용했다고 합니다.

변화가 필요하다고 느꼈다면 시부사와가 그랬던 것처럼 과감히 변신해야 합니다. 아마존Amazon의 창업자 제프 베이조스Jeff Bezos도 그런 선택을 합니다. 1964년생인 베이조스는 프린스턴대학교 전자컴퓨터공학과를 졸업하고 금융업계에 뛰어듭니다. 금융공학, 즉 컴퓨터 기술과 금융을 접목하는 데 탁월한 역량을 보인 그는 데이비드 쇼David Shaw가 운영하는 헤지펀드에 자리 잡습니다. 베이조스가 워낙 유명해져서 그렇지 쇼도 가볍게 넘길 만한 사람은 아닙니다. 컬럼비아대학교에서 학생들을 가르쳤고, 클린턴과 오바마 행정부의 과학기술 분야 자문위원을 거친 업계의 거물입니다. 그런 그가 컴퓨터 지식을 활용해서 금융회사를 설립한 겁니다.

이제는 누구에게나 익숙하지만 당시만 해도 낯설었던 알고리즘을 활용해 금융시장에서 가격 격차를 통해 돈을 버는 것이 그의 사업 모델이었습니다. 베이조스는 사무실에 침낭을 두고 수시로 밤을 새우면서 열정적으로 일했습니다. 그 결과, 승승장구하며 연봉 100만 달러의 수석부사장으로 승진합니다. 채 서른 살도 안 돼서 말이죠.

그러던 1994년 '인터넷 유저, 1년 만에 24배 증가'라는 제목의 기사를 보게 됩니다. 그는 곧바로 쇼에게 가서 "미친 짓을 해볼까 합니다. 인터넷으로 책을 파는 회사를 만들겠습니다"라고 말합니다. 쇼가 "아이디어는 훌륭하지만, 자네처럼 좋은 직장에 다니는 사람이 굳이 모험을 할 필요가 있을까?"라고 말렸지만, 그런다고 들을 베이조스가 아니었습니다. 그는 훗날 이렇게 말합니다. "내가 여든 살이 되었을 때를 상상해보고, 인생을 되돌아보면서 후회를 가장 줄일 수 있는 방법을 선택했다." 베이조스는 이 선택에 '후회 최소의 법칙'이라는 이름을 붙입니다.

변화는 충격으로 다가올 만큼 과감해야 합니다. 그러나 충격적인 행동을 실행에 옮기는 것은 말처럼 쉬운 일이 아닙니다. 제 개인적인 경험을 고백하자면, 저도 엄청나게 힘들었던 적이 있었습니다. 한때 저는 삼성경제연구소에서 꽤 일 잘하기로 소문난 직장인이었습니다. 덕분에 직장인의 꽃이라고 하는 임원직을 동기들에 비해 빨리 달았지요. 그런데 회사에서 밀려나고 보니 스스로 할 줄 아는 게 거의 없었습니다. 조직의 중간관리자 역할은 할 줄 알았지만, 그 정도 기능으로 먹고살 만한 자리를 찾을 수 없었습니다. 그나마 할 줄 아는 것은 연구직으로 일하며 단련된 리서치와 글쓰기. 퇴임하고 어느 날, 친한 후배가 자기네 회사에서 매월 나오는 월간 정보지에 원고를 실을 수 있도록 도와주겠다고 했습니다. 고마운 마음에 더욱 정성껏 글을 썼습니다. 그런데 제 글을 받아 간 후배가 엄청 고생했다는 후일담을 들었습니다.

후배 회사의 원고 담당자는 "삼성경제연구소 상무의 글을 준다고 하지 않았냐? 그래서 싣겠다고 했다. 그런데 이 사람은 상무가 아니라 올해 퇴임한 자문역이지 않냐? 퇴사한 사람의 글을 어떻게 실으라는 거냐"라며 거절했다고 합니다. 이 문제를 해결하느라 곤란을 겪은 것이지요. 글의 내용이 중요했던 게 아니라 제 간판이 중요했던 겁니다. 다행히 원고는 정보지에 실렸고, 원고료를 받았습니다. 회사를 나오고 제 힘으로 번 첫 번째 수입이었습니다. 기쁘다기보다 힘이 빠지더군요. '아, 나는 스스로 돈을 벌 줄 모르는 사람이구나' 하는 자괴감이 들었습니다. 매달 꼬박꼬박 돈이 들어오는 월급쟁이 생활만 할 줄 알았지 스스로 무언가를 만들어 파는 역량은 무無였던 셈입니다.

그날 이후, 아침에 눈 뜨는 게 고통스러웠습니다. 당시 삼성경제연구소 자문역 사무실은 강남구청역 근처에 있었는데, 지하철 계단을 오르는 게 어찌나 힘들던지요. 어쨌든 뭔가 해야 한다는 생각은 들었습니다. 그래서 글을 더 잘 써보기로 했습니다. 배운 게 도둑질이라고 경제연구소에서 늘 하던 게 보고서 쓰는 일이었으니까요.

회사에 근무할 때는 퇴근 시간이 제 마음대로였습니다. 사무실에서 밤을 새워도 뭐라고 하는 사람이 없었죠. 그러나 자문역 사무실은 오후 4시가 되면 자리를 비워야 했습니다. 사무실 불을 끄고 나가면 밖은 여전히 환했습니다. 마땅히 할 일도, 갈 곳도 없었습니다. 그래서 막걸리 한 통을 사서 편의점 앞에 앉아 마셨습니다. 그러곤 강남구청에서 운영하는 도서관에 갔습니다. 책을 읽기 위해서가 아니었어요. 도서관 벽에 기대 졸기 위해서 였습니다. 한 시간쯤 자고 나면 눈이 떠졌습니다. 하지만 현실은 바뀐 게 없었습니다. 여전히 고통스러운 하루가 지나가고 있었 습니다.

그러다 퇴직 후 2년 8개월 만에 "당신이 쓴 글로 책을 만 들 수 있겠다"는 출판사의 승낙이 떨어졌습니다. 그때서야 '아, 이제는 홀로서기가 가능하겠다'는 마음이 들었습니다. 불안감이 눈 녹듯 사라졌습니다. 자발적인 변화가 아니라 강요에 의한 변 화, 원치 않는 변화가 얼마나 고통스러운지 절감했습니다.

자발적 선택이 중요한 이유

100세 시대라고 합니다. 100세 시대를 제대로 살려면 무엇이 필 요할까요? 건강과 돈입니다. 이 2가지가 받쳐주지 않으면 100세 시대는 오히려 재앙입니다. 건강 이야기는 여기서 다룰 만한 주 제가 아니니 돈 이야기를 해봅시다.

'평생직장에서 평생직업으로'라는 말이 있습니다. 이제 죽을 때까지 일해야 합니다. 자기 일을 해야 합니다. 월급쟁이로 아무리 잘나가도 60세, 65세면 끝입니다. 그다음에 무엇을 하고 살지 미리 고민해야 합니다. 시부사와가 존마게를 자르고 유럽 신사로 변신한 것처럼, 여러분도 월급쟁이 개념을 버리고 평생직업인의 마음가짐을 가져야 합니다. 대충 알겠는데, 구체적으로 손에 잡히지 않는다고요? 영국의 피터 드러커라 불리는 찰스 핸디Charles Handy는 어떻게 했는지 살펴봅시다.

다국적기업 임원에서 교수, 그리고 지금은 저술가로 살고 있는 핸디는, 2001년 경영사상사 순위에서 드러커에 이어 2위에 오를 만큼 인정받는 석학입니다. 1981년 49번째 생일을 맞은 그는 2000년에는 '종신계약'으로 근무하는 사람이 전체 노동력의 절반이 되지 않을 것이라고 예측합니다. 나머지는 자영업자, 파트타임 근무자, 임시직 노동자, 실업자일 것이라고 예측합니다. 당시에는 말도 안 되는 전망이라며 비웃음을 샀습니다만, 결과는 어떤가요?

2000년, 종신계약으로 전일제 직장에서 근무하는 노동인구 비율은 절반이 아니라 40% 아래로 떨어졌습니다. 평생고용, 즉 평생직장 개념은 거짓말처럼 사라졌습니다. 핸디가 이같은 예측을 내놓은 1981년만 해도 일반적인 고용 문화는 대기업, 즉 코끼리 중심이었습니다. 저는 지금 그 코끼리의 세계에서 벗어나 벼룩처럼 혼자 힘으로 살아가고 있습니다. 여기서 벼룩은 프리랜서를 지칭하는데요, 어떤 벼룩은 혼자 일하고, 어떤 벼룩은 자그마한 자기 회사를 운영하고, 어떤 벼룩은 파트너십 형태로 기업과 일합니다.

기업도 마찬가지입니다. 시대의 흐름에 따라 조직 운영 방식이 바뀌고 있습니다. 나이키Nike는 디자인 등 핵심 역량만 보유하고 나머지는 모두 아웃소싱하는 것으로 유명합니다. 핸디는 아웃소싱과는 조금 다른 시각으로 나이키를 해석했습니다. 즉, 핵심적인 코어 영역, 계약적 관계의 주변부, 그리고 보조적인 노동력이라는 3개 그룹으로 나눈 것이지요. 그의 설명을 들어보면, 코어 영역의 인력을 절반으로 줄여 생산성을 높이고, 그만큼 고부가가치에 집중해야 합니다. 실제로 1980년대 이후 핸디의 예상대로 수많은 대형 인수합병이 진행됩니다. 그때마다 상당수 인력이 조직을 떠나야만 했습니다.

그 결과, 요즘 회사 조직도는 피라미드 형태에서 항공사 기내 잡지에서나 볼 수 있는 항공망도 모양으로 바뀌고 있습니다. 항공망도는 중심축과 접합점을 연결하는 거미줄 같은 그물 모양으로 되어 있습니다. 회사 조직이 바로 그런 모양으로 변화하고 있습니다. 항공망도를 보면 색깔이 다른 줄이 보입니다. 스타얼라이언스Star Alliance 같은 항공사 연맹체가 자사 비행기가 아닌 다른 비행기, 예를 들어 아시아나가 자사 비행기가 아닌 루프트

한자Lufthansa 비행기로 운항하는 항공 노선을 의미합니다. 기업의 세계에선 파트너 회사를 의미하지요. 이에 더해 조직의 언어가 명령어에서 계약과 협상의 언어로 바뀌고 있습니다. 회사는 인간이라는 부품으로 이뤄진 기계가 아니라 개별적인 야망을 가진 개인들의 공동체로 변화하고 있습니다.

핸디의 아버지는 평생 시골 목사로 평온한 생을 살았습니다. 핸디는 파리에서 열린 비즈니스 회의에 참석했다가 아버지가 돌아가셨다는 소식을 듣습니다. 당시 그는 런던경영대학원 교수로 일정표가 빽빽한, 성공적인 삶을 살고 있었습니다. 아버지를 좋아했지만, 대도시 목사직을 거절하고 따분하고 한적한 시골 생활을 하는 데 실망하고 있었다고 합니다.

하지만 아버지의 장례를 치르면서 생각이 달라졌습니다. 장례식에 참석한 수많은 사람들이 진심 어린 눈물을 흘리며 아버지의 죽음을 슬퍼하는 모습을 보면서 아버지의 삶을 다시 보게 됩니다. 그러면서 인생의 목적의식에 대해 생각하게 됩니다. 인생의 목적의식이야말로 열정을 되살려주고, 인생의 계획적으로 살아가는 데 필수불가결한 요소라는 것을 깨닫게 된 것이지요.

시부사와가 맞닥뜨린 시대만큼 지금의 시대 또한 급변하고 있습니다. 변화의 순간에는 강요된 선택보다는 자발적 선택을 해야 합니다. 시부사와가 스스로 일본식 상투를 잘랐듯 말이죠. 100세 시대에는 누구나 벼룩이 되어야 합니다. 벼룩의 삶을 미리 살아본 핸디의 조언, 즉 '필요한 일과 바람직한 일을 섞어라. 우선순위를 결정하고 스스로 선택하라'라는 말을 명심하시기 바랍니다.

개인이 변화해야 주변을, 조직을, 사회를 변화시킬 수 있습니다. 시부사와는 그렇게 스스로 변화함으로써 일본 변화의 주역이 될 준비를 갖추게 됩니다.

3장.

**좌절의
순간에도
성장할 수
있다**

대정봉환에서 메이지유신까지

1867년 11월 9일, 깜짝 놀랄 만한 사건이 발생합니다. 쇼군이 통치권을 천황에게 반납하겠다고 선언한 겁니다. 이를 대정봉환大政奉還이라고 합니다. 대정은 큰 정치를 뜻합니다. 봉환은 '돌려준다'의 극존칭 표현입니다. 도쿠가와 정권, 즉 도쿠가와 막부가 수립될 무렵, 쇼군은 천황으로부터 국가통치권을 위임받았습니다. 이를 '대정위임론大政委任論'이라고 하는데요, 이때 위임받은 권력을 다시 돌려주겠다는 의미로 '대정봉환'이란 표현을 쓴 겁니다.

돈, 명예, 권력…… 어느 정도 차이는 있지만 우리는 이런 것들을 갖고 싶어 합니다. 손에 쥐고 있다면 절대 남에게 주고 싶어 하지 않습니다. 그런데 도쿠가와 요시노부는 260여 년 동안 차지했던 국가 권력을 돌려주기로 합니다. 왜 그랬을까요?

앞에서 살펴본 대로 1866년 있었던 조슈번 평정은 사쓰마

그림 12. 대정봉환

1867년 11월 9일 도쿠가와 요시노부는 천황에게 통치권을 반납하겠다고 발표한다. 그림은 요시노부가 대정봉환을 신하들 앞에 선언하는 모습.

와 조슈의 동맹(삿초 동맹)과 다른 번들의 외면 속에서 막부의 패배로 끝납니다. 이 사건을 계기로 도쿠가와 가문은 막부 체제가 지휘하는 일본이 아니라 그들 가문이 주도적으로 지휘하는 일본으로 체제를 바꾸고자 했습니다. 예를 들면 이런 겁니다. 국가를 운영하는 국무회의를 만듭니다. 조슈의 리더도, 사쓰마의 리더도, 그리고 요시노부를 믿고 따르는 지역의 리더도 모두 국무위원이 됩니다. 그리고 요시노부가 이들을 이끄는 리더가 되는 겁니다. 비록 막부라는 체제는 사라지더라도 도쿠가와 가문이 힘을 갖는 구조를 상정한 것입니다. 이를 위해 선제적으로 대정봉환을 추진하게 됩니다. 나름대로 마지막 필살기였던 셈이죠.

막부 측이 어떤 계산을 하고 있었든 막부가 정권을 반납하겠다고 했으니, 천황이 있는 조정에서도 뭔가 의사표시를 해야 했습니다. 물론 이러기도 저러기도 쉽지 않습니다. 실제로 정권을 반납하겠다는 건지, 아니면 조정을 떠보는 건지 의심스러웠을 겁니다. 우리도 임진왜란 당시 선조가 광해군에게 왕위를 15번이나 선양하겠다고 말하지 않았습니까? 그때마다 광해군은 석고대죄를 했지요. 선조의 선양이 진심이 아니었듯, 막부의 대정봉환도 진심이 아닐 수 있었습니다. 실제로 처음에는 대정봉환을 선언하면서 대장군 격인 쇼군직은 반납하지 않았습니다. 대정봉환을 선언한 지 열흘쯤 지나 직 반납 선언서를 제출하긴 합니다. 그래도 '진위는 여전히 알 수 없다'였습니다.

시간이 흘러 1868년 1월 3일, 조정은 마침내 권력을 받겠다고 선언합니다. 그리고 막부 체제를 폐지하고 천황 중심의 신정부를 구성해 국가 근대화를 추진하겠다는 '왕정복고 대호령'이 발표됩니다. 권력을 돌려주겠다고 한 지 거의 두 달 만의 결정입니다. 쇼군의 사직서가 수리되고 막부가 폐지됩니다. 여기까지는 요시노부가 예상했던 전개였습니다. 그런데 요시노부가 예상하지 못한 변수가 발생합니다. 바로 신정부 구성에서 정작 요시노부가 제외된 것입니다.

이 일을 막후에서 꾸민 사람이 바로 이와쿠라 도모미岩倉具視입니다. 귀족 출신인 그는 한때 메이지 천황明治天皇의 아버지 고메이 천황孝明天皇의 총애를 한 몸에 받다가 천황의 눈에서 벗어나 스님이 되기도 했던, 파란만장한 정치인입니다. 대정봉환 당시에는 반막부 세력인 사쓰마와 긴밀한 관계를 맺고 있었습니다. 왕정복고 대호령을 내릴 때 대호령 포고문을 직접 읽기도 했습니다.

요동치는 정국이었지요. 사쓰마와 조슈는 천황을 등에 업고 막부를 공격하려 했습니다. 막부는 인내했습니다. 천황과 대적하는 것은 명분상 지고 들어가는 싸움입니다. 일본 전체와 싸우겠다는 의미이거든요. 믿는 구석도 있었습니다. 사쓰마와 조슈를 싫어하는 번들이 꽤 있었습니다. 요시노부는 '시간이 흐르면 세상은 결국 내 편이 될 것'이라고 생각하며 도쿠가와 막부를 세운 도쿠가와 이에야스가 된 심정으로 때를 기다리기로 합니다.

반면 사쓰마와 조슈는 마음이 급했습니다. 요시노부가 공격해 올 줄 알았는데 가만히 있었거든요. 사쓰마와 함께 왕정복고 대호령에 참여한 번들은 점점 분열하는 모습을 보입니다. 이러다간 죽도 밥도 되지 않을 것만 같습니다. 결국 사쓰마의 급진

파가 에도 이곳저곳에 불을 지르는 사건을 일으킵니다. 에도는 약 100만 명이 살고 있는 대도시였습니다. 인구는 밀집해 있고 건물은 죄다 나무로 지어져 있었습니다. 그래서 에도에서 방화 죄는 가장 악질적인 범죄 행위로 처벌받았습니다. 사쓰마의 급진파는 이런 범죄를 버젓이 저지른 것이지요.

이 사건 이후 막부의 강경파는 쇼군에게 건의합니다. 이런 짓을 저지른 사쓰마를 그냥 두면 안 된다, 권위를 세워야 한다고요. 그러나 요시노부는 방화 사건을 싸움을 벌이기 위한 사쓰마의 술책이라고 봤습니다. 그러면서도 어쩔 수 없이 사쓰마 토벌을 선언합니다. 이런 상황에서 더 기다려보자고 했다가는 쇼군의 영이 서지 않을 게 분명했기 때문입니다.

막부 군과 사쓰마 군의 첫 교전은 교토 근처에서 일어납니다. 1868년 1월, 무진戊辰년입니다. 무진은 일본어로 보신Boshin이라고 읽지요. 그래서 이 전쟁을 '보신전쟁'이라고 합니다. 동원된 병력 수는 막부 군이 많았지만, 사쓰마 군은 신식 무기로 무장하고 있었습니다. 무엇보다 천황의 후원을 등에 업고 있었지요. 니시키노미하타錦の御旗로 불리는 천황의 깃발을 하사받은 겁니다.

천황을 상징하는 깃발을 든 사쓰마를 공격하는 것은 곧 천황을 공격한다는 의미입니다. 그래서 막부 군에 이탈자가 빈번히 발생하는 등 사기가 바닥에 떨어집니다. 전쟁 초반에 사쓰마가 우위를 보이자 관망하고 있던 다른 번들은 사쓰마 편에 섭니다. 정예 육군 병력을 보유한 조슈는 처음부터 같은 편이었습니다.

결국 보신전쟁이 일어난 해 여름, 사쓰마를 위시한 반막부군이 에도에 무혈입성합니다. 전쟁은 다음 해 6월까지 계속되지만, 이때 이미 승부가 났다고 봐도 됩니다. 이후 요시노부는 근신 처분을 받고 정치와는 거리를 둔 생활을 하게 됩니다.

"돈을 벌고 싶습니다"

그사이 유럽에 있던 시부사와 일행은 무엇을 하고 있었을까요? 대정봉환을 발표한 즈음, 시부사와 일행은 피렌체, 말타, 마르세유를 여행하고 있었습니다. 파리로 보낸 전보가 샌프란시스코를 거쳐 일본에 도착하기까지 한 달이 걸리던 시절입니다. 시부사와 일행은 대정봉환 소식을 한 달 뒤에야 듣게 됩니다. 일본을 떠날 때와는 완전히 다른 세상이 된 것이지요. 일행은 대부분 귀국을 선택합니다. 그러나 시부사와는 프랑스에 남기로 합니다. '아키타케를 교육시켜라'라는 요시노부의 명령을 수행하기 위해서였죠.

그러나 새로 구성된 정부가 자금을 지원할 리 없습니다. 시부사와는 어떻게 했을까요? 놀랍게도 남은 여비를 주식에 투자합니다! 다행히 돈을 벌었다고 합니다. 그 돈으로 아키타케의 유학 자금과 생활비를 조달합니다. 시부사와는 이때의 경험을 바탕으로 훗날 도쿄주식거래소를 만듭니다. 만약 이때 주식 투자를 해서 돈을 잃었다면 어땠을까요? '주식 투자는 백해무익한 거야. 하면 안 되지!'라며 입술을 깨물었을지도 모릅니다. 도쿄주식거래소의 탄생도 그만큼 늦어졌겠죠. 정말 세상일은 모르는 겁니다.

그리고 몇 달이 흐릅니다. 신정부는 아키타케의 귀국을 요구했습니다. 가문을 상속하기 위해 일본으로 돌아와야 한다는 것이었지요. 결국 시부사와는 아키타케를 따라 귀국길에 오릅니다. 유학을 떠난 지 2년이 조금 안 된 1868년 10월 19일, 마르세유를 출발해 같은 해 12월 16일 요코하마에 도착합니다.

시부사와는 일본에 도착하자마자 근신 중인 요시노부를 찾아갑니다. 그리고 요시노부에게 "이제부터는 네 길을 가라"라는 말을 듣습니다. 섭섭했을까요? 그러지 않았습니다. 시부사와는 요시노부의 마음을 읽었다고 합니다. 날개 잃은 독수리, 이빨 빠진 호랑이 신세인 자기 주변에 있어 봐야 별 볼 일 없으니 떠나라고 한 겁니다. 그렇다고 떠날 시부사와가 아니었습니다. 당시 요시노부가 근신하고 있던 슨푸 성은 지금의 시즈오카 지역입니다. 시부사와는 시즈오카에 자리를 잡습니다.

막부를 물리치고 탄생한 신정부는 돈이 없었습니다. 보신 전쟁을 치르느라 막대한 비용을 썼기 때문입니다. 신정부의 당면 과제 중 '산업 진흥'이 있었는데, 이를 위해서는 막대한 자본이 필요했습니다. 그래서 태정관찰太政札이라는 새로운 화폐를 발행합니다.

이제 막 세워진 정부였지요. 갚아야 할 빚도 많았습니다. 그런데 돈이랍시고 종이에다가 글자 몇 자 쓰고는 유통하려고 합니다. 여러분이라면 이 돈에 어느 정도 가치를 두겠습니까? 당연히 큰 가치를 두지 않을 겁니다. 그래서 신정부는 각 번에 태정관찰을 강제로 할당합니다. 물론 번의 재정 규모에 따라 차등을 두었습니다. 시즈오카에는 58만 량이 할당되었습니다. 일본 전체로 보면 대략 5,000만 량 규모의 돈이 할당되었다고 하니 시즈오카에는 100분의 1이 조금 넘는 수준이 부여된 것이지요.

대부분의 번에선 '신정부가 돈을 뜯어가려고 별짓을 다 하는구나. 힘 있는 놈이 달라는데 힘없는 놈이 별수 있나. 그냥 뜯겨야지' 하는 분위기였습니다. 그러나 시부사와는 생각이 달랐습니다. 그는 프랑스에서 알게 된 주식회사를 떠올렸습니다. 시부사와는 곧바로 시즈오카의 고위 관료를 만납니다.

"지금 신정부로부터 돈을 받았습니다. 가치가 있건 없건 정부가 보증하는 돈입니다. 적은 돈도 아닙니다. 이를 자본으로 삼아 이런저런 일을 하는 조직을 만드는 겁니다. 그러면 돈을 벌

그림 13. 태정관찰

1868년 메이지 정부가 발행한 이 지폐는 은, 금으로 바꿀 수 없는 분할지폐로 1872년
까지 발행됐다. 발행 당시에는 1냥의 태정관찰이 1냥의 금화와 동일한 가치를 가졌지
만, 시간이 지남에 따라 가치가 하락했다. 이밖에도 위조 지폐가 많이 만들어졌고, 가
치 하락으로 인해 물가 상승을 불러오는 등 여러 문제가 있었다.

수 있습니다. 그 수익으로 신정부에 빌린 돈을 갚으면 됩니다."

　　여기서 말하는 이런저런 일이란 상품을 담보로 한 대부업,
정기성 당좌예금, 비료·미곡 등의 매입과 판매 등을 가리킵니
다. 오늘날 은행과 종합상사가 혼합된 형태라고 보면 됩니다. 조
직의 이름은 시즈오카 상법회소靜岡商法会所라고 정했습니다.

재벌의 탄생, 미쓰이

그런데 시부사와의 이러한 행적을 유심히 관찰한 사람이 있었습니다. 바로 미쓰이三井를 중흥시킨 미노무라 리자에몬三野村利左衛門입니다.

잠깐, 미쓰이를 중흥시킨 사람이라면 당연히 미쓰이라는 성을 가져야 하는 것 아닐까요? 게다가 지금도 일본 3대 그룹 중 하나로 불리는 미쓰이인데, 어려운 시절이 있었다고요? 이런 궁금증을 해결하기 위해, 잠깐 옆길로 새서 일본 재벌의 대명사, 미쓰이에 대해 알아보겠습니다.

미쓰이의 역사는 1673년으로 거슬러 올라갑니다. 무려 350년 전에 세워진 기업이지요. 미쓰이 다카토시三井高利라는 뛰어난 상인이 있었습니다. 1622년생인 그는 51세가 되던 1673년 포목점 미쓰이 에치고야三井越後屋를 지금의 도쿄 니혼바시에서 열었습니다.

당시 니혼바시는 포목점이 몰려 있던 지역으로, 초부유층을 대상으로 하는 대규모 소매점이 업태의 주를 이루고 있었습니다. 쉽게 말해, 대규모 단골 장사 개념이어서 자본도 부족하고 인지도도 낮은 신규업체 미쓰이로선 살아남기 위해 새로운 비즈니스 모델을 찾는 게 절체절명의 과제였습니다.

다카토시는 우선 기존 판매 방식을 연구했습니다. 고객은

초부유층, 품목은 옷감입니다. 가격은 흥정하기 나름이고, 지불 방식은 외상을 주고 1년에 두 번 몰아서 받는 것이 관행이었습니다. 최소 판매 단위는 필(폭 36cm, 길이 12m)이었지요. 그는 새로운 비즈니스 모델을 구상합니다. '누구customer'에게, 어떤 '가치value'를, 어떤 '경로channel'로 제공할지 고민한 것입니다.

먼저 고객층을 확대했습니다. 부유층이 아니라 어느 정도 이상 소득 수준이 되면 당시로선 사치품으로 통하는 포목을 구입할 수 있도록 한 거죠. 그러려면 소량 판매가 필수적이었습니다. 그래서 당시로선 획기적인 개념인 조각 판매를 시작합니다. 수박을 사등분해서 4분의 1쪽씩 팔았다고 보면 됩니다. 이와 더불어 판매 가격을 낮췄습니다. 단, 흥정 없는 정찰제라는 전제하에서요. 외상 없이 현금을 받는 방식으로 판매 즉시 대금을 회수해 자본 회전율을 높였습니다.

새로운 비즈니스 모델을 도입하자 문자 그대로 고객들로 문전성시를 이뤘습니다. 소량 판매 덕분에 고객층이 다양하고 많아졌습니다. 단골에게만 싸게 주는 게 아니라 누구에게나 같은 가격을 받고 팔았습니다. 포목점을 이용해본 적 없는 이들에게는 에치고야가 최고의 선택지였습니다. 혼란했던 전국시대가 끝나면서 상업의 발달과 민간소비의 증대로 중산층의 포목 소비가 늘어난 것도 판매가 늘어나는 데 큰 역할을 했습니다.

주변의 다른 가게들은 발만 동동 구를 뿐이었지요. 보다 못

그림 14. 미쓰이 에치고야 상점 모습

미쓰이는 전통에 얽매이지 않고 새로운 방식으로 포목을 판매해 업계 최강자가 된다.

한 경쟁업체들은 에치고야 앞에 오물을 뿌리며 강짜를 부리기도 했습니다. 뒤늦게 자리 잡은 주제에 시장의 관행을 어기고 손님을 다 빼앗아 간다면서 말이죠. 다른 포목상들도 에치고야 방식을 따라 하면 되지 않느냐고 생각할 수도 있지만 한번 굳어진 판매 관행과 시스템은 쉽게 바꾸기 힘듭니다. 이는 지금도 마찬가지이지요.

급기야 경쟁업체들은 막부에 에치고야를 고소합니다. 시장 규칙을 어기고 상거래 질서를 어지럽혔다는 주장이었습니다. 요즘 표현으로 공정거래법 위반쯤 될까요? 하지만 사안을 들여다본 막부는 에치고야가 잘못한 게 없다고 판단합니다. 오히려 참신한 아이디어를 높이 평가합니다. 그래서 정부 물품을 대는 어용상인으로 에치고야를 선정합니다. 이제 주변의 경쟁자들도 더 이상 어쩔 수 없었습니다. 에치고야를 건드리는 것은 막부에 반기를 드는 것이나 마찬가지였기 때문이죠.

승승장구하던 다카토시는 기발한 사업 아이디어를 또 하나 냅니다. 막부는 간토(동일본)의 에도에 있었지만 일본의 상업 중심지는 여전히 간사이(서일본)의 오사카였습니다. 그곳에는 큰 상인 집단의 근거지가 있었습니다. 상인에게 징수하는 세금은 막부의 주요 수입원 중 하나였습니다. 따라서 오사카에서 에도까지 돈(세금)이 움직여야 했습니다. 요즘처럼 전산망이 깔려 있는 것도 아니고 실제 화폐를 운반해야 하니 당연히 운반 비용이 들었지요. 예를 들어, 오사카에서 110원을 보내면 수송, 보안 비용이 10원 정도 발생해 막부에는 100원만 도착한다고 가정해봅시다. 다카토시는 오사카 상인에게 다음과 같은 제안을 합니다.

"우리 상회에 110원이 아닌 107원만 내십시오. 저희가 책임지고 막부에 세금을 전달하겠습니다."

막부에도 비슷한 제안을 합니다.

"우리 상회를 이용하면 오사카에서 100원 아니라 103원을 납부받을 수 있도록 하겠습니다."

양쪽 모두 거절할 리 없었습니다. 그런데 무슨 마법을 부린 걸까요? 에치고야 본점은 에도에 있었습니다. 판매처가 에도인 셈이죠. 당연히 물건을 팔아 벌어들인 판매대금(돈)은 에도에 있습니다. 그러나 판매 물품인 포목은 상업의 중심지인 오사카에서 사와야 했습니다. 에도에서 번 돈이 오사카로 흘러가야 합니다. 막부가 세금을 걷는 돈의 흐름이 반대였던 겁니다.

자신이 제안한 시스템을 활용하면 다카토시는 원단을 구하러 돈을 들고 오사카까지 갈 필요가 없습니다. 오사카 상인이 막부에 내야 할 세금을 받아 그 돈으로 포목을 구매하면 됩니다. 대신 오사카 상인이 내야 하는 세금은 에도에서 포목을 팔아 번 돈으로 정산합니다. 게다가 에도 상인에게는 107원을 받고 막부에는 103원만 주면 되니 추가로 어마어마한 이익이 남습니다. 오사카 상업계, 막부, 미쓰이 3자를 만족시키는 이 시스템은 당연히 잘 굴러갔습니다. 다카토시는 이렇게 포목점 외에 환전상이라는 또 하나의 업태를 추가하는 데 성공합니다.

미쓰이를 창업한 다카토시는 1694년 세상을 떠납니다. 향년 72세. 당시로선 엄청나게 장수한 셈입니다. 사업을 일으키고 21년간이나 주도적으로 이끌어왔으니 그의 영향력은 대단했습니다. 임종이 가까워지자 사업을 어떻게 지속시킬 수 있을까 고민합니다. 일본에서는 일반적으로 가업을 장자에게 물려줍니다. 그러나 다카토시는 다른 방법을 택합니다. 다카토시에게는 아들이 11명이나 있었는데, 사업체를 장자에게 물려주는 대신 가족 전체의 공유 재산으로 만들기로 합니다. 그리고 장자에게는 본가를 지키라는 유언을 남깁니다. 장남 마음대로 재산을 처분할 수 없게 했다는 뜻입니다.

장남인 미쓰이 다카히라三井高平는 아버지의 유언을 정리해 1710년 미쓰이 오모토카타三井大元方를 설립합니다. 미쓰이 가문의 모든 자산을 관리하는 상거래 회사입니다. 이곳에서 각 점포에 자본금을 출자합니다. 각 점포는 이익금의 일부를 오모토카타에 납부합니다. 그러면 미쓰이의 후손은 기여한 바에 따라 오모토카타로부터 돈을 받습니다. 지금까지 미쓰이가 건재할 수 있었던 것은 당시 만든 오모토카타의 역할이 큽니다.

장남인 다카히라는 가족이 지켜야 할 규칙도 제정합니다. 이를 《종축유서宗竺遺書》라고 하는데요, 지금 봐도 수긍이 가는 대목이 많습니다. 일부를 살펴볼까요. '일족의 자제에게도 허드렛일부터 시켜라.' 낙하산은 안 된다는 것이지요. 바닥부터 올라가라는 겁니다. '본점이 전 점포의 회계를 장악하라.' 돈에 대한 유혹을 시스템적으로 막기 위한 조치입니다. '사업은 맺고 끊는 게 중요하니, 아니다 싶으면 손을 털고 나와라.' 매몰비용sunk cost의 개념이 확실합니다. '영주에게는 돈을 빌려주지 마라. 어쩔 수 없는 경우에도 소액으로 하라.' 그런데 이 조항은 재벌이 된 다음에는 지키는 게 쉽지 않았을 겁니다. 바로 이 때문에 미쓰이는 나중에 시련을 겪게 됩니다.

17세기부터 19세기 중반까지 일본에는 큰 변화가 없었습니다. 대기근이 몇 차례 있었지만, 그 정도는 예전에도 있었지요. 하지만 1853년 흑선이 출현한 이후에는 이야기가 달라집니다. 자고 나면 세상이 뒤집어져 있었죠.

미쓰이 다카요시三井高福는 1858년 미쓰이 8대 당주 자리에 오릅니다. 이이 나오스케의 권력이 시작된 시점과 겹칩니다. 이이는 미쓰이에 계속 돈을 상납하라고 요청합니다. 1864년부터 1866년까지 266만 량을 내라고 요구했는데, 이 정도 금액이면 미쓰이가 파산할 수도 있는 수준입니다. 다카요시는 해결사로서 미노무라를 영입하기로 결정합니다.

미노무라는 누구일까요? 고향을 등진 무사의 아들로, 어린 시절 엄청난 고생을 하며 자랐다고 합니다. 그래서 무사 신분을 버리고 상인이 되기로 마음먹습니다. 무사 계급을 버리고 정말 열심히 일했습니다. 그의 성실성은 소문이 자자했다고 하네요. 특유의 성실함 덕분에 막부의 유력 가문인 오구리小栗 집안에 고용됩니다. 그곳에서 그보다 여섯 살 어린 오구리 다다마사小栗忠順와 친분을 쌓게 됩니다. 1866년은 요시노부가 막 쇼군이 된 해입니다. 오구리 가문은 당시 쇼군의 오른팔이었습니다.

이후 미쓰이 가문에 영입된 미노무라는 오구리와의 인연을 활용해 미쓰이의 상납금을 줄여달라고 읍소합니다. 그 결과,

상납금을 이전의 10분의 1보다 적은 18만 량으로 줄입니다, 미쓰이로선 경사도 이런 경사가 없었습니다. 오죽하면 "다카요시가 제일 잘한 일은 미노무라를 데려온 것이다"라는 말까지 나왔을까요. 경영자로선 대단한 칭찬입니다. 20세기 후반 가장 탁월한 경영자로 잭 웰치Jack Welch를 꼽습니다. 그를 GE의 리더로 임명한 사람은 전임 회장 레지널드 존스Reginald Jones입니다. 존스역시 자신이 가장 잘한 일로 웰치를 차기 CEO로 임명한 것을 꼽았다고 합니다.

망국의 신하에서 대장성 차관으로

1868년 보신전쟁이 일어났다는 것은 앞서 말씀드렸습니다. 막부의 패배와 함께 쇼군에게서 천황에게로 권력이 이동합니다. 그래서 이 해를 '메이지유신의 해'라고 합니다. 메이지유신은 무슨 선언처럼 특정일에 이뤄진 게 아닙니다. 몇십 년에 걸쳐 이뤄진 것이죠. 그래도 기념해야 할 특정한 시점이 필요하니 보신전쟁이 발발한 1868년을 '메이지유신의 해'라고 부릅니다.

메이지유신을 이해하려면 다음의 인물을 꼭 알아야 합니다. 그림 15는 2018년 2월 일본에서 발간된 잡지 〈디스커버 재팬〉 표지입니다. 일본에선 메이지유신과 연관된 중요한 인물로

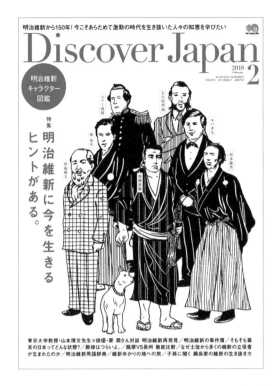

그림 15. 〈디스커버 재팬〉의 표지를 장식한 메이지유신을 이끈 인물들

7명 정도를 꼽는데요, 이들의 모습을 모두 담아냈습니다.

　　그림 제일 위쪽 왼편에 있는 인물이 페리 제독입니다. 일본에 흑선을 끌고 온 장본인이지요. 제일 앞줄 왼쪽의 히로부미는 우리나라 사람이라면 모를 수 없을 겁니다. 그에 대해서는 머리말에 잠시 소개했습니다. 나머지 인물들을 살펴보겠습니다. 먼저 '메이지유신 3걸'입니다. 대정봉환 이후 신정부에 들어간 기도 다카요시木戸孝允(가운뎃줄 오른편)는 정치를, 오쿠보 도시미치(제일 뒷쪽 오른편)는 경제를, 사이고 다카모리西郷隆盛(제일 앞쪽 가운데)는 군사 부문을 이끌었습니다. 메이지유신을 이끈 이들 3명은 50세가 되기 전에 죽습니다. 기도는 지병으로 사망했고, 오쿠보는 암살 당했으며, 사이고는 자결합니다. 그만큼 치열한 시대였습니다.

오른쪽 아래 사카모토 료마가 보입니다. 손정의 회장이 가장 좋아했다는 유신지사입니다. 기도는 조슈, 오쿠보와 사이고는 사쓰마 출신입니다. 조슈와 사쓰마는 서로 앙숙이었죠. 이 둘을 화해시켜 결국 막부를 무너뜨린 숨은 장본인이 료마입니다. 그는 메이지유신을 보지 못하고 1867년 33살의 나이에 암살 당합니다.

왼쪽 가운데 가쓰 가이슈勝海舟도 빼놓을 수 없습니다. 앞서 보신전쟁이 일어난 해 6월 반막부 군이 '에도에 무혈입성'했다고 말했습니다. 막부 편에 있던 가쓰와 반막부 군의 지휘관인 사이고가 담판해서 이뤄낸 결과입니다. 쇼군을 근신 처분하는 선에서 전쟁이 마무리되었고, 그 덕에 일본은 자칫 치열한 내전이 일어날 뻔한 사태를 해결하고 근대화에 매진할 힘을 얻게 됩니다.

그런데 이렇게 쟁쟁한 사람들이 대다수 메이지유신의 결

실을 보지 못하거나, 정권 초기에 유명을 달리합니다. 이후 일본의 정책은 한 연배 아래인 이토 히로부미가 결정하게 됩니다. 선배들이 다 죽어 없어졌으니 자연스럽게 후배인 이토에게 권력이 내려온 것이죠. 시부사와는 이토와 같은 세대입니다. 격변의 시대 덕을 봤다고 할 수 있습니다.

이렇게 도쿠가와 가문에서 메이지 체제로 권력의 지형이 바뀝니다. 상인이라면 이런 급변기에 가만히 있을 수 없겠죠. 미노무라도 부지런히 네트워크를 가동합니다. 사실 이전부터 반막부 측과 연결고리가 있었습니다. 특히 사쓰마의 사이고와 친분이 있었다고 합니다.

태정관찰이 신정부의 화폐라는 것은 앞서 말씀드렸습니다. 이 화폐는 1868년 7월 발행됩니다. 미노무라는 태정관찰을 발행하는 과정에서도 한몫을 담당합니다. 재벌 전문 경영인이 국가 재경부의 업무를 겸직한 것입니다. 지금 같으면 상상하기 힘듭니다만, 어쨌든 당시에는 그렇게 했습니다. 그러나 계획대로 화폐가 유통되지 않자 미노무라는 도쿄를 찾아가 '제발 열심히 써달라'며 이곳저곳에 요청합니다.

그러던 1869년 2월, 미노무라는 시부사와를 만납니다. 사실 첫 만남은 아니었습니다. 미노무라는 시부사와의 존재를 일찍이 알고 있었어요. '쇼군의 이복동생을 모시고 파리로 떠난 팀의 재정 담당'을 모르면 정보력이 없어도 너무 없는 거죠. 시부사와가 귀국할 무렵, 안면은 텄다고 합니다. 비록 쇼군이 추락해서 날개가 꺾였지만, 시부사와의 실력이 부족했던 건 아닙니다. 시부사와가 일본에 돌아온 해가 1868년 12월이니, 아마 그 무렵에 첫 대면을 했겠죠.

1869년 2월의 만남은 목적이 있었습니다. 시부사와가 시즈오카 상법회소를 본격적으로 운영하려고 하는데, 금고에 있는 자금이 태정관찰이었습니다. 유통에 어려움을 겪는 것은 시즈오카 상법회소도 마찬가지였죠. 이를 원래 유통되던 돈으로 바꿔달라고 요청하기 위해 시부사와가 마련한 자리였습니다. 이 자리에서 시부사와는 시즈오카 상법회소의 사업 개요를 설명합니다. 미노무라가 듣기에 은행과 종합상사가 결합한 형태의 비즈니스 모델은 매력적이었습니다. 시부사와의 능력을 알아본 미노무라의 주선으로 시부사와는 1869년 10월 일본 정부의 합류 요청을 받습니다.

쇼군 곁을 떠나 신정부에 합류하면서 시부사와에게 또 다른 문이 열립니다. 여기서 주목할 점은 이 과정에서 시부사와는 쇼군 쪽, 신정부 쪽 어디에도 비난을 받지 않는다는 겁니다. 놀라운 처세술이라고 볼 수도 있지만, 이는 일본을 새롭게 설계한다는 대의명분을 따른 결과이기도 합니다.

일본 최초의 벤처투자가

1871년 시부사와는 오쿠라쇼(흔히 대장성大蔵省으로 발음하므로 이하 '대장성'으로 표기. 우리나라의 기획재정부와 비슷하다)에 차관으로 합류합니다. 그런데 들어가자마자 바로 사표를 씁니다. 시부사와의 영입을 두고 내부 알력이 심했다고 합니다. 왜 굳이 막부 출신을 쓰는가, 신정부 쪽은 그렇게 인재가 없는가 하면서 말이죠. 윗사람이 보기에는 시부사와만 한 인재가 없었지만 메이지 정부의 출발에 기여한 바가 없으니 사람들의 반발을 쉽게 진정시키기 어려웠습니다.

마침 옛 주군인 요시노부가 시즈오카에서 사업을 시작했다는 소식이 들려옵니다. 당연히 시부사와의 도움이 필요했지요. 먼저 말하지 않더라도 알아서 돕겠다고 하는 것. '불감청不敢請이언정 고소원固所願이라', 즉 '감히 청하지 못할지언정 그것을 마음속으로 바란다'라는 《맹자孟子》〈공손추公孫丑〉 편의 문구를 시부사와는 따르기로 합니다.

이때 시부사와보다 두 살 많고 직위도 높았던 상관인 오쿠마 시게노부大隈重信가 등장합니다. 훗날 와세다대학교의 설립자이자 일본 총리가 되는 인물입니다. 오쿠마의 별명은 '설득 대마왕', 누구라도 설득할 수 있다는 평판을 듣고 있었어요. 오쿠마는 "그대가 사업을 하고 싶어 한다는 것을 모르는 바는 아니나,

지금은 나라를 새로이 일으켜야 하는 시기다. 오쿠라쇼에서도 모두가 새로운 제도와 시스템하에서 전례 없는 일을 하고 있으니 이곳에 남아 역량을 발휘해달라"며 시부사와를 붙잡습니다.

이 정도 말로 설득될까요? 오쿠마는 이 말과 함께 "실은 신정부 사람들은 경제에 대해 아무것도 모른다. 사실 재정 시스템을 만들고 있는 나도 모른다. 그나마 당신은 유럽이라도 갔다 오지 않았냐? 일본에서 당신이 하지 않으면 할 사람이 없다"고 말하며 넌지시 시부사와를 띄워주었습니다.

"시즈오카로 돌아간다면, 신정부에서 요시노부를 어떻게 보겠는가? 자기 일 하겠다고 큰일을 할 사람을 빼내려 했다고 하지 않겠는가? 그럼 요시노부의 평판에 금이 갈 것이다. 정부에 미운털이 박히는 것은 당연하다. 가뜩이나 근신 중인데 이런 모습을 보이면 근신 기간이 더 길어지지 않겠는가? 오히려 요시노부가 사업을 하는데 꼭 필요한 사람이지만 신정부를 위해 기꺼이 내놓았다고 소문이 나야 평판이 좋아지고 신정부와의 관계도 돈독해질 것이다"라고 회유했습니다.

정말 설득의 대가답습니다. 의리를 중시하는 시부사와의 성격을 간파하고, 정확히 그 점을 공략한 겁니다. 시부사와는 설득 당할 수밖에 없었습니다. '막부 출신'임을 들먹이는 동료들과는 일하기 어려운 것은 변함없었습니다. 그래서 요즘으로 치면 TF Task Force 팀을 만들기로 합니다. 그리고 오쿠마에게 TF팀장을 맡아달라고 하죠. 오쿠마는 기꺼이 동의합니다.

시부사와의 TF팀은 도량형 기준 제정, 우편 제도, 화폐 제도 및 달력의 개정, 철도 부설, 여러 관청의 건축 등 당시 일본에 필요한 수많은 일을 기획하고 실행합니다. 당시 같은 TF팀 멤버는 아니었지만, 이토도 화폐 제도 개혁에 관한 업무를 하고 있었습니다. 시부사와는 막부 출신, 이토는 조슈 출신으로 한두 해 전이라면 목숨을 걸고 싸워야 할 사이이지만 이때는 새로운 일본을 위해 목숨 걸고 함께 일합니다. 이때의 교류로 시부사와와 이토는 서로의 실력을 인정합니다. 그리고 한 사람은 경제, 한 사람은 정치에서 큰 인물로 성장하죠.

시부사와가 신정부에 합류한 지 얼마 후인 11월 메이지 정부는 '이와쿠라 사절단'을 만들어 구미 12개국을 탐방합니다. 서구열강은 어떻게 강해졌는지, 일본은 무엇을 해야 하는지 답을 찾기 위해서였지요.

왕정복고 대호령의 주역인 이와쿠라 도모미를 중심으로 100여 명이 1년 10개월간 탐방을 떠납니다. 이와쿠라 사절단의 면면을 보여주는 그림 16을 봅시다. 일본 전통 의상을 입고 한가운데 앉아 있는 사람이 바로 이와쿠라입니다. 메이지유신 3인방 중 두 사람인 기도(왼쪽)와 오쿠보(오른쪽)가 그의 옆에 앉아 있습니다. 오쿠보 뒤편에 서 있는 사람이 바로 이토입니다. 그런데 막 권력을 차지한 핵심 인물들이 단체로 이렇게 오랜 시간 본

그림 16. 이와쿠라 사절단

1년 10개월 동안 미국, 영국, 프랑스, 독일, 러시아 등 12개국을 방문한 사절단은 수집한 정보를 바탕으로 일본 정부의 정책 결정을 결정하고 근대화의 초석을 다진다.

토를 비우기란 쉽지 않은 일입니다. 그래서 메이지유신 3인방의 또 다른 주역인 사이고가 본토를 지키기로 합니다. 다만 '중요한 의사결정은 독단적으로 하지 않겠다'는 약속을 하지요.

　이와쿠라 사절단이 떠나고, 그사이에 일본에서는 오쿠라쇼의 힘이 너무 커졌다는 목소리가 터져 나옵니다. 여기에 더해 조선을 정벌하자는 정한론이 대두되면서 오쿠보는 원래 일정보다 빨리 귀국하게 됩니다.

그런데 당시 오쿠보와 시부사와는 사이가 좋지 않았습니다. 오쿠보는 시부사와보다 열 살이나 많고, 메이지유신의 주역으로 불리는 핵심 중의 핵심이었습니다. 최고의 권력자였지요. 오쿠보는 '철의 재상'이라고 불릴 만큼 냉철한 인물입니다. 다들 그를 보면 설설 기는 게 당연했죠. 아니, 굳이 오쿠보가 아니더라도, 일반적으로 조직의 아랫사람은 윗사람에게 공손하게 마련입니다. 그런데 시부사와는 오쿠보에게 그렇지 하지 않았습니다. 심지어 "우리는 참 의견이 안 맞는다"라고 공공연하게 말할 정도였지요.

여기에는 나름의 이유가 있습니다. 오쿠보는 국가 주도로 경제를 발전시키길 원했습니다. 반면 시부사와는 정부의 개입을 최소화하고, 자유로운 경쟁을 통해 민간 기업을 키워야 한다고 주장했습니다. 여기에 더해, 그는 이와쿠라 사절단의 파견을 반대합니다. 서양 문물을 무분별하게 받아들이다 보면 일본 전통이 파괴될 수 있다며 우려를 표했습니다. 근대화를 추구하는 방법론에 있어서 입장이 달랐던 셈이죠. 오쿠보 앞에서도 서슴없이 "참 안 맞는다"고 말했다니, 하극상도 이런 하극상이 없습니다. 이런 시부사와를 오쿠보도 좋게 보지 않았습니다.

시부사와는 당시로선 희귀한 서구에서의 경험이 있고 경영자와 관료로서의 능력이 탁월했습니다. 그런 시부사와를 영입할 때 오쿠보는 크게 반대하지 않았지만, 시부사와와 오쿠보의 경제관은 달라도 너무 달랐습니다. 아무리 시부사와의 능력이 뛰어나도 메이지유신 3인방을 이길 순 없었습니다. 절이 싫으면 중이 떠난다고, 결국 시부사와는 1873년 5월 사표를 냅니다.

시부사와가 사표를 낸 데는 성격 차이보다 그의 소신이 크게 작용했어요. 시부사와의 강연을 모은 책으로 《논어와 주판》이 있습니다(이 책에 대해서는 뒤에 좀 더 자세히 소개하겠습니다). 이 책에서 시부사와의 철학을 엿볼 수 있습니다.

만약 국가의 모든 인재가 관계官界(정부)에만 집중되고 태만한 자만 민업民業(기업)에 종사하면, 어떻게 나라의 건전한 발전을 바랄 수 있겠는가. 솔직히 말하면 관리는 평범한 사람일지라도 감당해 나갈 수 있지만, 상공업자는 재주와 수완 없이는 일해갈 수 없다. 사람들은 사농공상의 계급 사상에 이끌려 정부의 관리가 되는 것은 영광으로 생각하고 상공업자가 되는 것은 부끄럽게 생각한다. 이와 같은 잘못된 생각을 일소하는 것이 급선무이며, 상공업자의 실력을 기르고 지위와 품격을 향상하는 것이 매우 중요하다.

시부사와가 관직을 떠나겠다고 하자 이를 아쉬워하는 사람이 있었습니다. 함께 TF팀에서 일했던 다마노 요후미玉乃世履

입니다. 처음에는 시부사와를 탐탁지 않게 여겼지만 그가 일하는 모습을 보고 매력을 느꼈다고 하죠. 다마노는 훗날 청렴한 재판관으로 성장합니다.

다마노는 시부사와를 질책합니다. "당신은 머지않아 장관이 될 수도 있고, 대신이 될 수도 있다. 서로 관위에 있으면서 국가를 위해 일할 몸이다. 그런데도 금전에 눈이 어두워져서 관을 버리고 상인이 된다니 실로 실망했다. 여태껏 그런 사람이라 생각하지 않았다."

시부사와는 이렇게 말합니다.

"금전을 취급하는 것이 왜 천한가. 자네같이 모든 이가 금전을 천하게만 생각한다면 국가는 존립할 수 없다. 관직이 높다든가 작위가 높다든가 하는 것은 그렇게 귀중한 것이 아니다. 인간이 해야 할 소중한 일은 얼마든지 있다."

남들이 보기에는 권력 싸움에서 밀려나 물러난 것 같지만, 시부사와는 이때 이미 민간 기업을 키워야 한다는 의지가 굳건했습니다. 그렇게 2년 만에 시부사와는 관료 생활을 청산하게 됩니다. 비록 짧은 기간이었지만 많은 일을 합니다. 국립은행의 기초가 되는 조례를 만들었고, 신정부의 화폐를 찍는 조폐국을 설립했으며 (뒤에서 소개하겠지만) 일본 최초의 근대적 제지 회사를 세웁니다. 상업학교, 기술학교 등 근대 산업에 필요한 교육기관을 설치하고, 빈민 구제, 의료 사업에도 손을 댑니다. 그래서 일본에서는 시부사와를 '일본 자본주의의 설계자'라 부르게 됩니다.

행운인가, 좌절인가

시부사와의 인생을 추적하면서 처음에는 '참 운이 좋은 사람이구나' 하고 부러운 마음이 들었습니다. 부농이면서 깨어 있는 아버지가 있었기에 농업, 상업은 물론 유학 경전까지 두루 공부할 수 있었습니다. 농민이나 상인이라면 교육은 간단한 읽기, 쓰기와 셈법 정도를 가르치는 게 보통이던 시절입니다. 신분제가 공고한 일본에서 농민이나 상인이 유학 경전을 공부하는 것은 언감생심 꿈도 꿀 수 없는 일이었지요.

그렇다면 무사라고 다 좋을까요? 무사로 자라났다면 농업, 상업을 천하게 여기게 됐을 가능성이 높습니다. 현장에 대한 지식과 경험이 빠진 공부는 사상누각에 불과합니다. 어디 그뿐입니까? 화를 피하려고 호랑이 굴에 들어갔는데, 인생이 풀리면서 막부의 가신이 되고, 일본에서 최초로 파리 견학을 할 수 있었습니다. '정말이지 되는 사람은 어떻게든 되는구나, 어떤 사람은 뒤로 자빠져도 코가 깨진다는데…….' 이런 생각이 드는 것도 당연합니다. 이 정도면 '운칠기삼'이 아니라 '운칠복삼(운이 7이고,

복이 3이다)'의 화신이라고 할 수 있습니다. 그런데 시부사와의 생각은 달랐습니다.

그는 젊은 시절 자신의 삶을 '좌절의 연속'이라고 규정합니다. 첫 번째 좌절은 존왕양이를 부르짖을 때입니다. 거사를 준비했는데 실패했죠. 어쩔 수 없이 요시노부의 수하로 들어갑니다. 그런데 이 사람이 쇼군이 되어버립니다. 본인이 타도하려던 조직의 장을 모셔야 하는 어처구니없는 상황이 되어버린 것입니다.

두 번째 좌절은 파리에 머무를 때입니다. 쇼군의 가신이 되기로 마음먹고 성심껏 따랐습니다. 유럽에서의 임무를 완수하고 일본으로 돌아가면 큰일을 할 수 있을 거라고 생각했습니다. 일본인 중에선 최초로 제대로 된 유럽 경험을 한 인재였으니까요. 유럽을 제대로 벤치마킹하면 국가 발전에 기여할 수 있을 거라고 기대했지요. 그런데 유럽에 머무는 동안, 세상이 바뀌어버립니다. 일하고 싶어도 돌아갈 곳이 없어졌습니다. 엄청 허탈했을 겁니다. '근신에 처한 쇼군을 보필하면서 조용히 생을 마쳐야겠구나' 하고 생각했을 정도니까요.

세 번째 좌절은 오쿠라쇼에 사표를 쓰고 나올 때입니다. 상공업이 발전해야 나라가 발전한다는 철학은 진작부터 갖고 있었습니다. 그러한 기업 환경을 만들기 위해 성심껏 일했습니다. 상사와 뜻이 맞았다면 각종 사회 인프라를 만드는 일에 몰두하는 관료로서의 삶을 살았을지도 모릅니다. 그런데 윗사람과 부딪히다가 결국 사직하게 됩니다. 결과적으로 500여 개의 회사와 600여 곳의 사회공헌기관을 만들지만, 만약 정부에 남았더라면 더 많은 일을 할 수 있었을지도 모릅니다.

정리해봅시다. 막부를 공격해서 우국지사가 되고 싶었으나 막부의 일원이 되었습니다. 막부의 일을 제대로 하고 싶었으나 막부가 망하고 말았습니다. 정부의 고위 관료로 상공업 진흥을 위해 몸을 갈아 넣었으나 오히려 사표를 쓰게 됩니다. 저는 시부사와가 운명의 신에게 사랑받았다고 생각했는데, 달리 보면 그는 최선을 다했지만 자신의 의지와 달리 크나큰 좌절을 겪었습니다.

좌절의 순간에도 성장할 수 있다

보통 좌절하면 실의에 빠집니다. 그런데 시부사와는 이에 개의치 않고 다른 꿈을 꾸었습니다. 좌절은 꿈이 있는 사람이 겪는 일입니다. 애초에 꿈이 없으면 좌절할 일도 없습니다. 시부사와는 결과적으로 젊은 시절 꿈꿨던 모든 일에서 실패했습니다. 하지만 그때마다 다시 새로운 꿈을 꾸었습니다. 그의 나이 33세 때입니다.

당시 33세면 오늘날로 치면 마흔을 훌쩍 넘긴 나이와 비슷하다고 볼 수 있습니다(참고로 메이지유신 당시 일본의 기대수명은 대략 35세였습니다). 그가 새롭게 세운 꿈은 이랬습니다. '상공업을 진흥시키고, 상인이 대우받는 세상을 만들겠다.'

꿈을 통해 좌절을 극복한 기업인을 소개합니다.

혹시 버진 그룹Virgin Group이라고 들어보셨나요? 영국의 기업가 리처드 브랜슨Richard Branson이 만든 회사입니다. 그의 회사는 대부분 버진 레코드, 버진 콜라, 버진 애틀랜틱처럼 '버진'이란 단어로 시작합니다. 브랜슨은 1970~1980년대의 음반 사업, 1980년대의 관광 및 항공 사업, 1980년대 후반부터 2000년대에 이르는 통신 사업과 글로벌화, 2000년대의 우주 관광 사업과 미디어 사업, 그리고 최근 10여 년간의 호텔 및 헬스케어 사업 등 '문어발식 확장'이라는 말이 무색할 정도로 여러 종류의 사업에 발을 들였고, 꽤 큰 성공을 거뒀습니다.

사업이 승승장구하는 동안, 그는 어떤 기분이었을까요? 행복했을까요? 1980년대 말, 30대 후반이었던 그가 한 말을 들어볼까요? "여러 방면에서 능력을 발휘했다고 믿고 있던 나는 나이 마흔을 앞두고 극도로 침체하기 시작했다. 마치 인생의 목적을 잃어버린 것만 같았다. 그리고 불현듯 나 자신만이 아니라 다른 이들에게 도움이 되는 일을 해야겠다는 생각을 하게 됐다." 사업이 무럭무럭 번창한다 해서 행복한 것은 아닙니다. 성공이 인생의 유일한 목표일 순 없습니다. 그걸 깨닫는 순간, 새로운 리처드 브랜슨이 탄생했습니다.

1990년 이라크가 쿠웨이트를 침공했습니다. 수십만 명이 인근 국가인 요르단으로 도피했죠. 브랜슨은 친구인 요르단 국왕에게 무엇이 필요한지 물었고, 다음 날 담요와 식료품, 의료품 등을 들고 요르단으로 날아갔습니다. 스리랑카와 인도네시아에 쓰나미가 발생했을 때도 같은 행동을 했어요. 그러다가 2004년부터 본격화된 버진 유나이티드Virgin United 재단을 기반으로 자선사업과 인류 및 지구의 문제 해결 사업에 손대고 있습니다.

좌절하더라도 자신이 처한 상황에서 긍정적인 면을 볼 줄 알아야 합니다. 여러분은 고생하고 싶으신가요? 이런 질문을 받으면 기분이 어떠세요? 지금도 힘들어 죽겠는데 무슨 이야기냐는 생각이 들 겁니다. '젊어서 고생은 사서 한다'는 얘기를 가까운 젊은 친구와 나눠본 적이 있습니다. 학을 떼더군요. 다른 분들도 마찬가지 반응을 보일 겁니다. 공감하지 못하는 것이지요. 이 문장의 속뜻은 이겁니다. '젊어서 고생하면 고생에 대한 면역력이 생긴다.' 그래도 사서 하는 고생은 하고 싶지 않습니다.

그런데 자신의 의지와 상관없이 고생해야 하는 처지에 빠진다면 어떻게 해야 할까요? 그 자리에 멈춰야 할까요? 아닙니다. 극복해야 합니다. 위기를 기회로 바꾸듯, 고생했던 경험을 자신의 미래를 위한 디딤돌로 삼아야 합니다.

어려움을 긍정적 요소로 해석하는 사람도 있습니다. '경영의 신'이라고 불리는 마쓰시타 고노스케松下幸之助를 볼까요? 그는 1918년 23세의 나이에 마쓰시타전기기구제작소松下電器具製作所를 창업합니다. 이후 이 회사는 오늘날 파나소닉Panasonic의 근간이 됩니다. 그는 자신의 약점을 강점으로 바꾸는 데 탁월했습니다. 그의 말을 들어볼까요.

신이 나에게 준 3가지 축복이 있다. 바로 가난함, 허약함, 배우지 못함이다. 가난함은 부지런함을 낳았고, 허약함은 건강의 중요성을 깨닫게 했고, 못 배웠다는 사실 때문에 누구로부터라도 배우려 했다.

그런데 여기서 허약함에 대한 해석은 잘못되었습니다. 건강의 중요성을 깨닫게 한 것이 아니라, '허약했기 때문에 무리할 수 없었고, 그래서 다른 사람에게 일을 맡겨야만 했다. 그 결과 인재가 육성되었다'가 제대로 된 해석입니다.

시부사와도 비슷한 생각이었습니다. 그는《논어와 주판》에서 이렇게 말합니다.

재능과 재간을 겸비하고, 또 부지런하고 진취적이며, 사람들의 존경을 받기에 부족함 없는 인물이 정치계에서든 비즈니스계에서든 도리에 맞게 뜻을 펼쳤지만, 무슨 일을 하든지 간에 영문을 알 수 없을 정도로 차질을 빚어 역경에 빠지는 경우가 있습니다. 하지만 이는 아주 극단적인 경우입니다. 일반적으로는 '세간에 절대 역경은 없다'라고 단언하고 싶습니다.

혹시 살아가다가 어려움이 닥치면 시부사와의 이 말을 되새겨보기 바랍니다. 관료로서 짧지만 굵은 업적을 남긴 시부사와는 족쇄에서 벗어난 새처럼 상업계에서 자신의 꿈을 펼치게 됩니다. 그리고 일본 경제계의 핵심 인물이 됩니다.

4장.

일본 경제를
설계하다

일본 최초의 민간 은행, 제일국립은행

시부사와 에이이치가 사표를 제출했다는 소식을 들은 미노무라 리자에몬은 쾌재를 부릅니다. 그는 곧 시부사와에게 "미쓰이에서 함께 일하자. 당신이 하고 싶은 일은 뭐든 할 수 있게 지원하겠다"고 제안합니다. 백지수표를 내민 셈이지요. 하지만 시부사와는 "혼자서 일하고 싶습니다"라며 거절합니다.

그가 관직을 떠난 후 제일 먼저 추진한 사업은 바로 은행업입니다. 유럽을 시찰하면서 눈여겨본 서구 자본주의의 자본, 기술, 조직을 도입하기 위해서는 선진적인 금융 조직과 기관, 제도가 필요하다고 본 것이죠. 그 시작이 은행입니다.

1872년 도쿄 니혼바시에서 일본 최초의 근대 은행인 제일국립은행이 출범합니다. 제일국립은행은 시부사와가 관료를 그만두기 직전에 세워집니다. 제일국립은행은 미쓰이와 오노 그룹이 각각 100만 엔씩 출자해 세워집니다. 은행장을 일본에서는

그림 17. 일본 최초의 민간 은행인 제일국립은행

도우도리頭取라고 부르는데, 출범 당시 미쓰이, 오노가 각각 1명씩 선임합니다. 그리고 그 위에 총감역総監役을 두었는데, 관료를 그만둔 시부사와가 그 자리에 앉습니다. 1873년 5월에 사표를 냈으니 두 달 만의 취임입니다. 정확한 자료는 남아 있지 않습니다만, 미리 내정되어 있었는지도 모릅니다. 그는 이후 1978년까지 5년간 경영에 참여합니다. 제일국립은행의 설립 배경에는 재벌 미쓰이와 관련된 꽤 긴 사연이 있습니다.

미쓰이의 핵심 사업은 앞에서 살펴본 것처럼, 포목과 환전이었습니다. 메이지 시대에 접어들면서 포목점 에치고야는 성과가 예전만 못했습니다. 서양 문물이 들어오면서 양복이 유행하다 보니 포목 매출이 지속적으로 감소했기 때문입니다. 메이지 유신 이후 권력의 중심이 막부에서 천황으로 넘어가면서 환전업 또한 예전만 못합니다. 핵심 사업모델이 모두 성과가 안 좋은 상황이었지요.

이때 메이지 정부의 재무대신인 이노우에 가오루井上馨가 넌지시 "포목점 사업을 분리하고 은행 설립에 집중하면 어떻겠는가"라고 권유합니다. 아직 일본에 근대적인 은행 제도가 없었을 때입니다.

권유라고는 하지만 서슬 퍼런 신정부 실세의 권유 아닌 권유입니다. 미쓰이 집안은 곧바로 포목점 사업을 분리합니다. 이때 미쓰이라는 상징을 남기기 위해 미쓰이三井와 에치고야越後屋의 앞글자를 따서 미쓰코시三越라는 이름을 새로 짓습니다('越'이라는 한자는 상황에 따라 '에치', 또는 '코시'라고 읽을 수 있습니다). 이렇게 미쓰코시백화점三越百貨店이 탄생합니다. 서울 소공동에 있는 신세계백화점 본점은 지금도 1930년 개점한 미쓰코시백화점 경성지점 건물을 사용하고 있습니다.

1872년부터 미쓰이는 은행업에 집중합니다. 정부가 원하는 대로 했으니, 은행업을 독점적으로 운영하다 보면 다시 사업이 번창할 거라는 기대도 있었지요. 그런데 미쓰이 말고도 은행업에 관심을 가진 기업이 있었습니다. 대표적으로 면화, 석탄, 철도 등 다양한 사업을 하던 오노小野가 은행업에 눈독을 들입니다.

근대 은행 설립이 추진될 무렵, 시부사와는 아직 관직에 있었습니다. 시부사와가 보기에 주식회사 제도는 여러 명이 하나의 회사를 만드는 것이 핵심입니다. 독점을 체질적으로 싫어한 시부사와에게는 더 없이 매력적으로 보였을 겁니다. 시부사와의 중재로 미쓰이와 오노가 함께 출자한 미쓰이오노조합은행三井小野組合銀行이 탄생합니다. 그리고 1872년 11월 이토 히로부미가 미국에서 내셔널 뱅크national bank 제도를 들여옵니다. 내셔널 뱅크는 '국립은행'으로 번역할 수 있지요. 국가가 만든 은행이 아니라 국법에 의해 설립된 은행이란 뜻입니다. 그렇게 미쓰이오노조합은행은 1873년 6월 제일국립은행으로 변신합니다. 이후 일본에는 총 153개의 국립은행이 만들어집니다. 제2국립은행, 제3국립은행 하는 식으로 말이죠. 이렇게 숫자가 쓰인 은행은 일본에 아직도 4개가 남아 있습니다.

미쓰이와의 연합

그림 18은 미쓰이의 핵심 멤버와 시부사와가 함께 찍은 사진입니다. 한가운데 앉아 있는 사람이 미쓰이 8대 당주인 미쓰이 다카요시입니다. 그 뒤에 서 있는 사람이 9대 당주인 미쓰이 다카아키三井高朗입니다. 다카요시는 1808년에 태어나 1885년 사망합

그림 18. 미쓰이 가문과 시부사와 에이이치

앞줄 오른쪽에 앉아 있는 인물이 미노무라 리자에몬, 그 왼쪽이 시부사와 에이이치다.

니다. 9대 당주인 다카아키는 1837년에 태어나 1894년 사망합니다. 그런데 아들이 없었다고 하네요. 그래서 1863년 미쓰이 가문은 8대 당주의 막내아들로 당시 여섯 살이던 미쓰이 다카미네 三井高棟를 9대 당주의 양자로 입적시킵니다.

　우리가 보기엔 이상하지만, 일본에서 가업을 잇기 위해 친족을 양자로 들이는 것은 흔히 있는 일입니다. 도쿠가와 막부 5대 쇼군도 4대 쇼군의 동생인데, 양자로 들어가서 쇼군 자리를 이었습니다. 다카미네는 9대 당주의 양자가 되었으니, 언젠가는 10대 당주가 될 테죠. 그는 열한 살 때부터 교토 미쓰이 본점에서 일하다가 1872년 시부사와의 권유로 미국 유학을 떠납니다. 선진문물, 특히 미국 은행 시스템을 제대로 보고 오라는 취지였습니다. 일본의 국립은행이 미국의 내셔널 뱅크를 본떴다고 설명했듯, 일본 금융 시스템은 미국 스타일을 많이 보고 배웠습니다.

제일국립은행 이야기로 돌아가볼까요? 제일국립은행은 미쓰이와 오노 쌍두마차가 이끌었습니다. 그러다 오노의 사세가 기울면서 미쓰이가 혼자 이끌게 됩니다. 그런데 시부사와는 이런 결정을 손사래를 치며 반대했습니다. 자신의 경영 철학상 독점경영은 안 된다는 거였죠. 미노무라는 속으로 '정말 많이 컸다. 네가 나한테 이럴 수 있어?' 하는 마음이 들었을 겁니다. 하지만 한 고집하는 시부사와 아닙니까? 미노무라는 시부사와를 설득하느니 차라리 은행을 따로 만드는 게 낫겠다고 판단합니다.

그리하여 1876년, 사립은행인 미쓰이은행三井銀行을 열게 됩니다. 국립은행과 사립은행의 차이는 발권 권한에 있습니다. 국립은행은 화폐를 발행할 수 있지만 사립은행은 할 수 없습니다. 그 외의 기능은 모두 같습니다. 미국에서 돌아온 다카미네는 미쓰이은행에 들어가 일을 배웁니다. 바닥부터 차근차근 올라가 1885년 10대 당주 자리를 물려받습니다. 1933년 은퇴할 때까지 48년간 미쓰이를 진두지휘합니다. 다카미네는 1673년 미쓰이 에치코야 창립부터 미군정에 의해 일본 재벌 해체가 의결된

1945년까지 272년 역사에서 미쓰이 그룹의 가장 찬란한 시절을 만든 사람으로 평가받습니다. 은퇴한 후에는 다도 등 문화와 예술에 심취하다가 1948년 91세의 나이로 세상을 떠납니다.

제일국립은행과 미쓰이은행은 1942년 합병해 제국은행帝國銀行이 됩니다. 뿌리가 같은 듯 다른 탓에 합병한 후에 출신 집단 간의 반목이 심했답니다. 그래서 결국 1948년 다시 분리되지요. 원래 제일국립은행은 오늘날 미즈호은행みずほ銀行, 원래 미쓰이은행은 오늘날 미쓰이스미토모은행三井住友銀行이 됩니다.

경제 생태계, 도쿄주식거래소

시부사와는 프랑스에 유학하던 중, 주식회사의 중요성을 깨닫습니다. 그래서 제일국립은행을 국법에 의해 운영되는 '주식회사'로 설계합니다. 주식이 기반이었던 거죠. 일반인을 상대로 주식 공모도 했습니다. 당초 100만 엔 정도가 모일 것으로 기대했는데, 결과적으로는 45만 엔 정도밖에 모이지 않았습니다. 여기에 미쓰이 100만 엔, 오노 100만 엔이 더해져 250만 엔의 자본금으로 출발합니다. 계획보다 50만 엔 정도 적은 금액으로 출발한 것이지요. 그런데, 은행 설립 1년 만에 오노가 도산합니다. 오노에 상당한 금액을 대출해준 제일국립은행도 위기를 맞습니다. 우여

그림 19. 도쿄주식거래소

제일국립은행의 위기를 겪으며 시부사와는 주식거래소의 필요성을 더욱 절감한다.

곡절 끝에, 출자받은 100만 엔을 털어내고 위기를 탈출합니다.

이런 일을 겪으면서 시부사와는 주식거래소의 필요성을 통감합니다. 만약 제일국립은행이 주식거래소를 통해 자금을 조달할 수 있었더라면 초기에 훨씬 많은 금액을 모을 수 있었을 겁니다. 기업에 위기가 닥쳐도 주식 증자를 통한 자금 조달이 가능했을 테니, 오노가 이탈했을 때도 흔들리지 않았을 겁니다.

금융은 시스템이자 생태계입니다. 은행만으로는 돌아갈 수 없습니다. 시부사와는 구미 각국의 거래소를 연구해서 주식거래소의 설립을 강하게 주장합니다. 메이지 정부도 거래소를 만들고 싶었습니다. 그런데 근거, 즉 법이 필요했지요. 법을 제정하는데는 당연히 시간이 소요됩니다. 1878년 마침내 주식거래소 관련 조례가 제정됩니다. 그리고 그해 5월 말 시부사와를 비롯한 10명의 발기인 명의로 도쿄주식거래소 설립희망서가 오쿠라쇼에 제출됩니다. 정부는 바로 승인하죠. 거래소의 발기인의 면면으로 보면 당시 미쓰이 사장, 미쓰이 집안 사람들 등 미쓰이 계열 사람이 대부분이었습니다. 시부사와의 미쓰이의 관계가 좋았음을 알 수 있습니다.

그런데 주식거래소가 만들어진 직후, 시부사와는 거래소 경영에서 손을 뗍니다. 자신이 이미 제일국립은행의 경영자이기 때문에 주식거래소 운영에까지 관여하면 이익 상충 문제가 발생할 거라고 생각했던 겁니다. 시부사와다운 처신입니다.

도쿄주식거래소를 설립하는 데 시부사와가 어느 정도 기여했을까요? 그곳을 방문하면 금방 알 수 있습니다. 도쿄주식거래소의 역사를 전시해둔 홀에 가면 시부사와 코너가 따로 마련되어 있습니다.

모든 일상은 시부사와로 통한다

이처럼 시부사와는 일부 기업들의 독점을 경계하면서도 그들과

그림 20. 쇼시 제지소

도쿄의 시부사와 집에서 내려다본 쇼시 제지소의 모습.

협력하며 선진적인 은행과 주식시장이 일본에 뿌리내리는 데 주
도적인 역할을 했습니다. 그리고 그 씨가 꽃피우기 시작하자 이
제 제조업으로 눈을 돌립니다.

　　시부사와가 제일 먼저 손을 댄 분야는 제지 사업입니다. 설
탕도 필요하고, 비료도 필요하고, 이것저것 필요한 게 많았을 때
입니다. 그런데 왜 굳이 제지 사업부터 시작한 것일까요? 이는
그가 유럽에서 받았던 충격 때문입니다. 지폐도 지폐지만, 주식
이다 뭐다 금융 거래를 하기 위해선 종이가 필수적입니다. 게다

가 당시에 문화라고 하면 책이 전부였지요. 유튜브도 넷플릭스도 없던 시대입니다. 책을 만들려면 종이가 있어야 합니다. 신문, 잡지도 종이가 있어야 찍을 수 있습니다. 이런 관점에서 볼 때 무엇보다 먼저 만들어야 할 기업은 종이를 대량 생산할 수 있는 제지 회사였습니다. 그래서 1872년 쇼시抄紙가 만들어집니다. 이때는 시부사와가 아직 정부에 몸담고 있었던 시기입니다. 그래서 회사 기획에 참여하는 방식을 취합니다. 쇼시는 이후 오지제지王子製紙로 이름을 바꿉니다. '오지'라는 이름은 공장이 있던 동네에서 따왔습니다.

이 외에도 시부사와는 참 다양한 회사를 설립하는 데 참여합니다. 막 새로운 세상이 펼쳐지고 있었습니다. 얼마나 많은 업종에서 얼마나 다양한 회사가 필요했겠습니까? 그 과정에서 시부사와가 얼마나 많은 기여를 했는지 궁금하다면 다음 문장을 봅시다.

언제나처럼 전철을 타고 경제신문을 펴 든다. 대충 보고 나니 전철 내 맥주 광고가 보인다. 퇴근길에 하나 사야겠다고 생각하는데, 아차! 현찰이 부족하다. 회사 근처 은행 ATM에서 돈을 뽑는다. 벌써 연말이다. 이번 크리스마스는 호텔 패키지를 즐기고, 연초에는 고궁에 다녀와야겠다. 그전에 병원에 입원 중인 할아버지 병문안도 빠트

려선 안 되겠다.

월급을 꽤 주는, 안정적인 기업에 다니고 있는 30대 초반 회사원의 모습이 떠오릅니다. 이 문장을 다음과 같이 바꿔보겠습니다.

언제나처럼 JR을 타고 〈닛케이신문〉을 펴 든다. 대충 보고 나니 전철 내 삿포로맥주 광고가 보인다. 퇴근길에 하나 사야겠구나 생각하는데, 아차! 현찰이 부족하다. 회사 근처 미즈호은행 ATM에서 돈을 뽑는다. 벌써 연말이다. 이번 크리스마스는 제국호텔 패키지를 즐기고, 연초에는 신사에 다녀와야겠다. 그전에 세이로가聖路加 병원에 입원 중인 할아버지 병문안도 빠뜨려선 안 되겠다.

일반명사를 고유명사로 바꿨을 뿐입니다. 그런데 이 고유명사들이 모두 시부사와가 관련된 기업입니다. 일본 최초의 은행과 주식거래소는 물론 제지 회사, 철도와 물류 회사부터 도쿄가스, 일본전신전화공사(NTT), 제국호텔, 기린맥주, 대일본제당까지 그가 만든 기업은 지금도 일본을 움직이고 있습니다. 조금 과장하자면, 오늘날 일본인은 '시부사와 없이는 살 수 없는' 생활을 하고 있습니다.

이 외에도 시부사와가 일본 기업에 미친 영향은 막대합니다. 상공업자들이 서로 의견을 교환할 수 있는 자리를 만들기 위해 상공회의소를 설립했고, 은행업계의 친목을 도모하기 위해 은행집회소도 만듭니다. 그는 특히 네트워킹의 중요성을 강조했습니다. 얼굴을 자주 봐야 한다는 것이지요. '경제인의 적극적 교류를 통해 상인의 사회적 지위를 향상해야겠다'는 시부사와의 꿈이 하나하나 실현되고 있었던 것입니다.

시부사와의 인재론

시부사와는 마음이 급했습니다. 유럽에서 보고 느낀 것을 실천하고 싶은데, 몸은 하나밖에 없었습니다. 그래서 시부사와는 당시에는 조금 특이한 방법으로 회사를 설립합니다.

A 회사를 만듭니다. 자본 참여를 하죠. 그 회사가 굴러갑니다. 그러면 자본이 불어나겠죠. 그러면 A 회사에 있는 자기 지분을 뺍니다. 물론 고문 정도 역할은 남겨둡니다. A 회사의 지분을 뺀 돈으로 다시 B 회사를 세웁니다. 그 회사가 굴러갑니다. 다시 자본이 불어납니다. 이런 식으로 회사를 설립해 나갔습니다. 그는 자신의 기업 경영 철학을 이렇게 표현했습니다.

나는 용인술에 관한 한 권모술수나 사심이 없다. 그
저 '적재적소에 인재를 쓰고 싶다'는 소박한 마음일 뿐
이다.

적재적소. 이병철 삼성 회장이 좋아했던 말입니다. 그는
"기계는 쓸수록 닳지만 인재는 적재적소에 활용하고 키우면 키
울수록 쓸모 있게 커진다"는 인재관을 갖고 있었습니다.

시부사와는 500여 개 기업과 600여 개 사회공헌기관을 설
립하는 데 관여했지만, 각 기업의 운영은 전문 경영인들에게 맡
겼습니다. 그 많은 기업과 기관의 리더를 제대로 고르는 게 쉬운
일은 아니었을 겁니다. 그래서 시부사와는 공자孔子의 시·관·찰
視觀察 3단계 인물 판별법을 활용했습니다.

'시視'는 맨눈으로 겉모습을 보는 것입니다. 그 사람의 행
동거지를 보고 선악과 시시비비를 판단하는 것이지요. '관觀'은
사람의 내재적인 마음을 살피는 겁니다. 왜 그런 행동을 했는지
동기를 살피는 것이지요. 더 나아가 행위 및 동기가 추구하는 목
표가 무엇인지 관찰察합니다. 그러면 그 사람의 진실한 인품을
알 수 있습니다. 밖으로 드러나는 행위가 올바를지라도 그 행위
의 동기가 되는 정신이 제대로 자리 잡혀 있지 않다면 그 사람을
올바른 사람이라고 말할 수 없습니다. 상황에 따라 악한 행동을
저지를 수도 있기 때문입니다. 또한 행위도 옳고 동기도 곧더라

도, 그 행위의 목표가 자신의 영달과 배부름에 있다면, 그런 사람은 유혹의 함정에 빠지기 쉽습니다. 따라서 행동, 동기, 목표가 모두 바르고 단정해야 한다는 것을 시부사와는 강조했습니다.

이 대목에서 이나모리 가즈오稲盛和夫 교세라京セラ 명예회장의 '일의 결과'에 대한 공식이 떠오릅니다. 흔히 인생이나 일의 결과는 '능력×열정'이라고 봅니다. 그래서 일단 능력이 탁월한 인재를 선발하고, 열정적으로 일할 수 있도록 분위기를 조성해야 합니다. 능력이 좀 부족하더라도 열정으로 부족한 부분을 메꿀 수 있습니다. 능력이 뛰어나도 열정이 없으면 의미가 없습니다. 능력이 80인 사람이 열정 10을 갖고 있다면 결과는 800인 반면, 능력은 40이더라도 열정이 90이면 결과는 3600이 됩니다. 대단한 차이죠.

이나모리 회장은 위의 결과에 사고방식을 곱해야 한다고 강조했습니다. 즉, 일의 결과는 '사고방식×능력×열정'이란 것이지요. 사고방식의 범위는 −100부터 +100까지입니다. 극단적인 예이지만 '세상은 어차피 모순투성이고 불공평해. 다른 사람의 것을 훔쳐서라도 잘 살자'라고 생각하는 것은 대표적인 마이너스 사고방식입니다. 이런 사람은 능력과 열정이 클수록 더 큰 사고를 칩니다. 이나모리 회장이 주위 사람들을 관찰하면서 얻은 결론이라고 하네요.

그래서 그는 능력이나 열정보다 사고방식을 더욱 중요시

하며, 훌륭한 사고방식을 갖고 인생의 길을 걸어야 한다고 강조했습니다.

삼성경제연구소에 재직하던 당시, 저도 연구원을 많이 뽑아봤습니다. 서류전형에 합격하면 관련 부서에서 실력 평가를 합니다. 이 심사에서 통과하면 임원 면접을 봅니다. 물론 그 연구원이 배치될 부서 담당 임원의 영향력이 가장 큽니다만, 다른 임원의 의견도 무시할 순 없습니다. 최종 판단은 연구소장이 하지요. 임원 평가는 결국 인성 평가입니다. 능력, 즉 실력이야 이미 검증되었다고 보는 거죠. 제 경우에도 주로 열정과 사고방식을 봤던 것 같습니다.

시부사와가 사람을 뽑은 시대는 150년 전입니다. 그렇지만 시부사와의 인재 철학은 지금도 유효합니다. 'MZ가 몰려오고 있다'는 요즘, 이나모리 회장의 마이너스 사고방식은 더욱 유용합니다. 여러분이 사람을 뽑는 자리에 있건, 아니면 뽑혀야 하는 위치에 있건 곰곰 되새겨볼 대목입니다.

5장.

군림하기
보다
함께 간다

사이고의 할복과 오쿠보의 암살

혹시 '정한론'을 들어보셨나요? 오쿠보 도시미치, 기도 다카요시와 함께 유신 3걸로 불리는 사이고 다카모리는 메이지 정부 초창기에 '조선을 침략하자'는 주장을 내놓습니다. 정한론은 도쿠가와 시대 말기부터 요시다 쇼인 등을 비롯한 일본 지식인들 사이에서 있었던 주장입니다. 정한론이 메이지 정부 주요 인사들 사이에서 다시 등장합니다.

당시 우리나라의 국호는 대한민국도 대한제국도 아닌 조선이었습니다. 그런데 정한론, 한국을 정벌하자고 했습니다. 역사보다는 신화에 가까운 일본 고대사를 보면 한때 일본이 한반도의 남쪽에 해당하는 삼한三韓(마한, 진한, 변한)을 정벌했다는 내용이 있습니다. 그래서 삼한의 한韓을 따다가 정한론이란 단어를 만든 것입니다.

메이지유신의 주역들이 이와쿠라 사절단을 만들어 유럽

시찰을 떠나면서 중요한 의사결정은 나중에 하자는 결정을 내려 이 논쟁은 뒤로 미뤄집니다.

조선 정벌은 이제 막 개화해 국가의 틀을 바꾸고 있던 신정부로선 사실상 추진이 불가능한 공상이었습니다. 조선 정벌을 두고 메이지유신의 주역들은 이미 국내 잔류파 대 해외 견문파로 나뉘어 대립하고 있었습니다. 조선에 관여하고 싶은 것은 잔류파, 해외파 모두 마찬가지였지만 시기가 문제였습니다. 해외파는 "먼저 국내를 정비하자. 서구 열강과 비교하면 아직 할 일이 많다. 전쟁에는 많은 물자와 자금이 들어간다. 조선을 정벌한다면 청나라와 다른 열강들 또한 가만히 있지 않을 것이다. 자중해야 한다"고 주장합니다. 천황은 해외파의 손을 들어줍니다.

그러자 1873년 10월, 잔류파의 대장 격인 사이고 다카모리는 사직서를 내고 내각총리대신 자리에서 물러납니다. 그와 뜻을 함께하던 세력들도 행동을 같이하죠. 정국의 주도권은 해외파에게 넘어가고 오쿠보가 실세가 됩니다.

109페이지에 실려 있는 '메이지유신 150주년 기념' 표지를 다시 한번 봐주시겠습니까? 오쿠보는 양복을 입었고, 사이고는 일본 사무라이 복장입니다. 복장에서도 알 수 있듯, 사이고는 전통 무사 계급의 지지를 받고 있었습니다. 그런데 메이지유신으로 이전의 지배계급이던 무사 계급의 위신이 땅에 떨어집니다.

특히 하급 무사일수록 박탈감은 컸습니다. 무사는 누가 뭐래도 무력을 제일의 가치로 여깁니다. 그러나 메이지유신 이후 징병제가 도입되고 평민들이 군인의 주축이 됩니다. 무사들만이 누렸던 칼을 찰 수 있는 권리를 포함해 여러 특권이 폐지되면서 무사들의 불만은 높아져만 갔습니다.

사이고는 사임 후 자신의 고향인 사쓰마에서 은거했습니다. 그러자 그의 주변에 신정부에 불만을 가진 사람들이 하나둘 모이기 시작합니다. 정부라고 이를 모를 리 없습니다. 사이고 측이 무엇을 하고 있는지 밀정도 보내고, 암호를 잘못 해독하기도 하고, 고문을 통해 거짓 증언을 받아내기도 하는 등 영화 같은 일, 아니 영화보다 더 영화 같은 일들이 벌어집니다.

그리고 마침내 1877년 2월 일본 최후의 내전이라는 세이난 전쟁이 일어납니다. 사이고의 사쓰마 군은 먼저 구마모토를 향해 진군합니다. 신정부 군대가 지키고 있던 구마모토는 사쓰마 군의 모진 공격에도 함락되지 않았습니다. 구마모토 성을 만든 사람은 가토 기요마사加藤淸正입니다. 어디선가 들어본 이름 아닌가요? 임진왜란 당시 조선을 침략한 대표적인 무장입니다. 나이 든 세대에겐 가등청정이란 이름으로 익숙하지요. 별명이 '축성의 달인'이었을 만큼, 그가 만든 성은 견고하기로 소문나 있었습니다. 포격에도 끄떡없는 견고함과 신정부군의 저항으로 두 달이 다 되도록 구마모토 성은 함락되지 않았습니다.

그사이에 정부의 원군이 합류합니다. 결국 사쓰마 군은 후퇴합니다. 사이고는 이를 두고 "우리는 정부군에게 진 것이 아니라 가토 기요마사에게 진 것이다"라고 했답니다. 여담입니다만, 2016년 지진으로 구마모토 성은 무너져버리고 맙니다. 대자연의 힘은 이렇게 무섭습니다.

이후 신정부군은 8개월에 걸쳐 사쓰마 군을 진압합니다. 사이고는 9월 24일 할복으로 생을 마감합니다. '마지막 사무라이'라는 별명에 어울리는 선택이었지요. 사이고는 개혁의 주체였다가 반동을 시도한 인물이지만, 그의 무사다운 인생 때문인지 일본에서는 지금도 인기가 높습니다. 반면 그와 고향 친구이지만 마지막에는 대척점에 섰던 '철의 재상' 오쿠보는 고향에서마저 인기가 별로였습니다. 지금까지도요.

사이고가 자결한 이후, 무사 세력에게 공공의 적이 된 오쿠보는 이듬해 봄인 1878년 5월, 일단의 무사들에게 습격을 받아 죽습니다. 유신 3걸의 또 다른 멤버인 기도는 1877년 5월 세이난 전쟁 중 병으로 죽습니다. 할복, 암살, 병사. 결국 권력의 향배는 그때까지 살아남아 있던 이토 히로부미에게로 향합니다.

무력 세력 간의 전쟁은 끝났지만, 이제 기업 간의 보이지 않는 전쟁이 펼쳐집니다. 그리고 그 한가운데 시부사와가 있었습니다.

정경유착의 대명사, 미쓰비시

1880년 8월 어느 날, 노을이 붉게 타오르는 스미다강에서 두 사람이 뱃놀이를 하고 있습니다. 집 모양을 한 배는 게이샤와 요리사들을 싣고 흥청거리며 강을 거슬러 올라갑니다. 강 하구에는 미쓰비시三菱 깃발이 펄럭이는 배가 여러 척 정박해 있습니다. 그날의 주인공은 미쓰비시의 창업자이자 메이지 시대의 최대 기업가이자 정경유착의 대명사, 이와사키 야타로岩崎弥太郎였습니다. 손님은 경제계의 지도자로 불리며 미쓰이와 절친한 시부사와였습니다.

술이 한 순배 돌자 이와사키는 시부사와에게 제안을 하나 합니다.

"시부사와 선생! 우리 둘이 손을 잡으면 일본 경제가 우리 손에 들어올 거요. 힘을 합쳐 모든 사업을 독점해 미쓰비시의 일본을 만들어봅시다!"

이런 제안이 있을 거라고 예상이라도 한 듯 시부사와는 그 자리에서 답변합니다.

"한 사람의 지혜보다는 많은 사람의 지혜를, 한 사람의 재력보다는 많은 사람의 재력을 모아 대상大商을 만들어야 합니다. 그러지 않으면 오로지 자기 이익에 급급한 수전노에 불과합니다."

이후 상당한 어색한 분위기가 이어졌을 것만 같습니다. 아니면 두 사람 모두 프로답게 이날만큼은 웃고 떠들었을지도 모릅니다. 하지만 가장 중요한 부분에서 이해관계가 서로 다르다는 것이 확인되었습니다. 너 죽고 나 살기! 이제 기업 간의 경쟁이 본격적으로 시작됩니다. 그리고 이 경쟁은 어떤 경영 철학이 더 적합한지의 싸움이기도 했습니다.

미쓰비시, 미쓰이, 스미토모(住友)를 일본의 3대 재벌이라고 합니다. 미쓰비시는 1870년에 창업해 다른 두 재벌보다 그 역사가 상대적으로 짧습니다. 미쓰이는 1673년 시작한 포목상, 스미토모는 1590년 시작한 광산업이 모태입니다. 미쓰비시가 막 사업을 시작한 1870년대 중반에 이미 미쓰이는 8대, 스미토모는 10대가 당주였습니다. 8대, 10대까지 내려오면서 두 기업은 '군림하지만 통치하지 않는다'는 경영 철학을 갖게 됩니다.

반면 사업 초창기에는 무엇 하나 창업자의 손을 거치지 않고서는 되는 일이 없습니다. 그래서 미쓰비시는 '군림하면서 통치하는' 길을 걷게 됩니다. 일본에서는 흔히 "조직의 미쓰비시, 인재의 미쓰이"라고 말합니다. 미쓰비시는 총수가 직접 발로 뛰니 휘하에 손발이 많이 있어야 하고, 미쓰이는 당주가 뒤로 물러나 있으니 먼 미래 계획까지 직원들이 구상하는 데서 나온 말입니다. 이렇게 두 기업의 특성은 분면히 달랐습니다.

미쓰비시의 이와사키는 별명이 '정상(政商)'입니다. 정치에

밀착해서 거대한 상인이 되었다는 뜻이죠. 좋은 의미는 아닙니다. 도쿠가와 시대에서 메이지유신으로 넘어가던 대혼란기. 그 틈을 타서 많은 거부巨富가 탄생합니다. 하긴 어디 일본뿐이겠습니까? 록펠러, 카네기가 독과점기업으로 일어선 시기나 빌 게이츠, 스티브 잡스가 IT의 기린아가 된 시기는 모두 2차 산업혁명, 3차 산업혁명의 태동기와 맞닿아 있습니다. 격동기에 기회의 문이 열리고, 그에 따라 신흥 부호들이 탄생하는 것은 전 세계적으로 공통된 현상입니다. 우리나라 기업사도 마찬가지입니다.

이와사키는 1935년생입니다. 도사번의 몰락한 하급 무사의 아들로 태어난 그는 머리는 좋았는데, 평생 무사로 살아온 아버지가 인생의 장애물이었다고 합니다. 아버지는 술과 도박에 빠져 가정을 파탄냈습니다. 이와사키가 간신히 번의 허가를 얻어 에도로 유학 갈 기회를 잡지만 아버지가 또 사고를 칩니다. 술자리에서 싸움을 벌여 감옥에 갇히고 만 겁니다. 전후사정을 살펴보니 아버지의 잘못이 아니었지만, 평소 행실이 문제가 되어 죄를 뒤집어썼다고 합니다. 이와사키는 이때 "관아는 뇌물을 받고 사람을 감옥으로 보내고, 법이 아니라 자기들 마음대로 판결한다"고 관아의 벽에 씁니다. 칼로 문장을 새겼다는 이야기도 있습니다. 관이 가만있을 리 없겠죠. 이와사키도 함께 투옥됩니다. 인생살이 새옹지마. 이와사키는 감옥에서 상인에게 산술과 상법을 배우게 됩니다.

이와사키는 출소한 뒤 번에서 쫓겨납니다. 아무리 하급 무사라고 하지만, 번에서 쫓겨난다는 것은 무사로서 엄청난 수치입니다. 그러나 실의에 빠져 있기보다는 오뚝이처럼 일어나 살 길을 찾습니다. 먼저 자신이 공부할 수 있는 곳을 찾지요. 1858년, 운명적으로 요시다 도요吉田東洋가 운영하는 쇼린주쿠少林塾를 찾아갑니다. 그리고 이곳에서 고토 쇼지로後藤象二郎를 만납니다.

갑자기 익숙하지 않은 고유명사가 등장했네요. 요시다 도요, 쇼린주쿠, 고토 쇼지로. 메이지유신에 대해 조금이나마 찾아봤다면 요시다 쇼인이라는 이름을 들어봤을 겁니다. "요시다 쇼인이 쇼카손주쿠松下村塾를 열어 이토 히로부미 등을 배출했다"는 문장을 "요시다 도요가 쇼린주쿠를 열어 고토 쇼지로를 배출했다"로 바꿔 읽어봅시다. 세 단어의 관계가 이해될 겁니다.

이와쿠라의 스승인 요시다 도요는 지금의 사립학교 격인 쇼린주쿠를 운영하다가 도사번의 높은 관직에 올라 무역항인 나가사키의 무역소로 가게 됩니다. 이때 이와사키를 데리고 갑니다. 이와사키는 나가사키 항에 정박해 있는 서양의 배를 보고 깜짝 놀랍니다. 외국인들이 자유롭게 왕래하는 모습에 혀를 내두르죠. 그리고 해운업의 가능성에 굳은 믿음을 갖게 됩니다.

그러던 1862년, 요시다 도요가 암살 당합니다. 그 자리를 양아들 고토 쇼지로가 물려받습니다. 쇼린주쿠 시절부터 알고 지내던 사이인 이와사키는 나가사키, 오사카 등 여러 지역을 돌면서 해운업에 대해 좀 더 깊이 공부한 후 목재 사업에 뛰어듭니다.

결국에는 목재상으로 크게 성공하지만, 처음에는 목재가 잘 팔리지 않아 손해가 막심했다고 합니다. 이때 새로운 발상을 하게 됩니다. 목재를 사면 무료로 집수리를 해주겠다는 조건을 붙였고, 그때부터 소비자들이 몰려들었습니다. 비즈니스 모델을 바꿔 승승장구하게 된 겁니다.

그사이 도사번 번정을 장악한 고토는 이와사키에게 번립 도사상회土佐商會를 맡깁니다. 이 회사는 나중에 쓰쿠모상회九十九商會로 이름을 바꿉니다. 이후 1871년 폐번치현 조치가 시행됩니다. 이와사키는 이때를 놓치지 않고 쓰쿠모상회를 자신의 것으로 접수합니다. 어떻게 했을까요?

폐번치현이 되면서 번주의 살림살이가 어려워졌습니다. 도사번도 예외가 아니었죠. 번의 부채를 인수하는 조건으로 이와사키는 쓰쿠모상회와 함께 증기선 2척을 인수합니다. 마침내 오너 경영자가 된 거죠. 이 과정에서 고토의 도움이 컸다고 합니다. 당시 고토는 새롭게 들어선 메이지 정부에서 승승장구하고 있었습니다.

쓰쿠모상회는 곧 미쓰비시상회로 이름을 바꿉니다. 그런데 이와사키는 미쓰이, 스미토모처럼 자신의 성을 따서 이와사키상회라고 회사 이름을 짓지 않았습니다. 왜 그랬을까요?

154

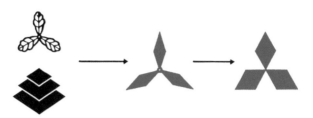

그림 21. 미쓰비시 로고 변천 과정

　미쓰비시의 로고를 보면 그 이유를 알 수 있습니다. 그림 21의 왼쪽 위는 도사번의 번주인 야마우치 가문의 문장입니다. 왼쪽 아래는 이와사키 집안의 문장이죠. 이 둘을 합쳐서 만든 겁니다. 당시 도사는 메이지 정부를 수립하는 데 혁혁한 공을 세웠습니다. 이를 내세우고 싶었을 수도 있지요. 자신의 가문, 자신의 지역을 뛰어넘어 일본 전체를 대상으로 사업을 하겠다는 포부를 나타내고도 싶었을 겁니다.

　이와사키가 처음으로 거액의 이문을 남긴 것은 1873년 메이지 신정부가 '지폐화폐전국통일'을 추진할 때였습니다. 신정부는 새로운 통화를 공표하고 옛 번들이 각자 발행했던 옛 통화, 어음, 채권을 인수합니다. 이때 신정부에서 일하던 고토가 이와사키에게 몰래 정보를 흘립니다. 요즘 말로 '내부자 거래'입니다. 물론 당시에도 불법이었습니다. 신정부가 옛 통화와 어음, 채권을 인수할 계획이라는 것을 미리 알게 된 아와사키는 금 10만 냥에 달하는 자금을 융통해 옛 채권을 대량 매입합니다. 그리고 이를 신정부에 되팔아 막대한 차익을 챙깁니다. 미쓰비시는 이 거래를 기반으로 도약합니다.

두 번째 기회는 바로 다음 해인 1874년에 찾아옵니다. 아시다시피 당시 대만은 청나라 땅이었습니다. 대만에 가까운 류큐(지금의 오키나와)는 청나라와 일본 사이에서 등거리 외교를 하던 시절도 있었지만, 1871년 일본에 흡수됩니다. 그런데 류큐 어민이 표류 중 대만으로 흘러 들어갔고, 그중 몇 명이 대만 원주민에게 살해 당하는 일이 벌어진 겁니다.

메이지 정부는 청나라에 항의합니다. 그런데 청나라는 대만이 자국의 땅이긴 하지만, 대만 원주민은 '교화의 바깥에 있는 백성'이라며 책임이 없다고 주장합니다. 이를 명분 삼아 메이지 정부는 대만에 군대를 파견하려 합니다. 그런데 막 출범한 정부이다 보니 병력을 다른 나라에 수송할 수 있는 해군력이 없었습니다. 처음에는 영국과 미국 선박 회사에 군인들을 싣고 갈 배를 요청합니다. 두 나라는 남의 나라 전쟁에 끼어들기 싫으니 이를 거절합니다.

당시 일본에는 일본우편증기선회사日本郵便蒸気船會社라는 반관반민半官半民의 회사가 있었습니다. 대장성과 미쓰이가 합작해서 만든 회사입니다. 이곳에 수송 요청을 했지만 머뭇거립니다. 이유가 있었습니다. 해외로 배를 보낸 사이, 후발주자인 미쓰비시가 빈틈을 이용해 국내 시장점유율을 높이면 어떡하나 고민한 것이지요. 이때 이와사키가 승부수를 띄웁니다. "그 일, 제가 하겠습니다" 하고 선수를 친 겁니다.

잠깐 당시 정세를 살펴보겠습니다. 정한론을 외치다 사이고가 하야한 것이 1873년 9월입니다. 1874년은 정한론에 반대한 오쿠보, 기도 등이 정권을 잡고 있었습니다. 대만 파병 문제에 기도는 반대합니다. 조선 파병은 하지 않았는데 대만에만 파병하는 게 논리에 맞지 않는다는 거였죠. 하지만 오쿠보는 밀어붙입니다.

아직 누가 실세인지 판가름하기 어려울 때였습니다. 일본 우편증기선회사가 표면상 미쓰비시 핑계를 댔습니다만, 사실은 이런 정세와 무관하지 않았습니다. 반면 이와사키는 오쿠보에게 베팅합니다. 그리고 결과적으로 이 도박이 성공합니다. 청나라가 일본 정부의 강경정책에 한발 물러나 류큐가 일본 관할임을 간접적으로 인정한 겁니다. 오쿠보의 권력은 더욱 강해집니다. 결국 그의 권력을 등에 업고 1875년 일본우편증기선회사를 해산하고 해운업은 미쓰비시 독점 체제에 들어가게 됩니다.

1877년 세이난 전쟁이 벌어졌다는 것은 앞서 말씀드렸습니다. 전쟁에 참여할 신정부 군의 군화만 만들어도 재벌이 될 수 있었지요. 미쓰비시는 군인 수송을 도맡습니다. 오쿠보가 뒤를 봐주는 미쓰비시에는 두려울 게 없었습니다. 그런데 그 오쿠보가 1878년 5월, 암살됩니다. 그래서 이와사키는 자신을 도울 사람으로 시부사와를 지목하고 함께 뱃놀이를 한 겁니다. 하지만 서로 추구하는 바가 달랐던 둘은 동맹이 아니라 경쟁을 하게 됩니다.

　오쿠보가 죽었다고 해서 그냥 무너질 이와사키가 아닙니다. 이때부터 이와사키와 시부사와 동맹 간의 치열한 해상 경쟁이 펼쳐집니다. 이와사키는 인맥을 활용하는 일본 재벌 가문의 전형을 대표합니다. 어디 손을 한두 군데 써놓았겠습니까? 그에게는 딸이 5명 있었는데요, 사위들의 면면을 보면 이와사키가 혈연을 어떻게 활용했는지 알 수 있습니다. 첫째 사위는 가토 다카아키加藤高明(24대 총리 역임), 둘째 사위는 기우치 쥬시로木內重四郎(교토지사 역임), 넷째 사위는 시데하라 기주로幣原喜重郎(44대 총리 역임)입니다. 사위 중 2명이나 내각 총리가 된 것이지요.

독점할 것인가, 경쟁할 것인가

다시 스미다강의 뱃놀이 사건으로 돌아가보겠습니다. 여기서 독점 운운한 분야는 해운업입니다. 배로 사람이나 물자를 운송하는 일이지요. 미쓰비시의 독점력은 일본군의 대만 파병 이후 더욱 강해집니다. 그런데 권력의 뒷배가 되어주었던 오쿠보가 사라진 후, 1880년부터 미쓰이를 비롯한 대항마들이 해운업에 뛰어듭니다. 대표적으로 1882년 3개 회사가 합병해 만들어진 교도

운수共同運輸가 있습니다. 3개 회사 중 가장 막강한 곳은 도쿄풍 범선東京風帆船으로, 시부사와와 미쓰이가 힘을 합쳐 만든 곳입니 다. 시부사와가 독점을 얼마나 싫어했는지 알 수 있는 대목입니 다. 시부사와는 개인적으로 평생 이와사키 야타로를 싫어했다고 하는군요.

교도운수는 1883년 1월부터 본격적으로 미쓰비시와 경쟁 합니다. 도쿄에서 오사카까지 배로 사람을 나른다고 가정해 보 죠. 이쪽이 가격을 20% 내립니다. 그러자 저쪽은 50% 내립니다. 이쪽은 다시 70% 내립니다. 그러면 저쪽은 90% 내립니다. 이쪽 은 무료로 태웁니다! 이제 이쪽의 승리일까요? 아닙니다. 저쪽 은 자기네 배에 탄 손님들에게 김밥을 무료로 주기로 합니다. 그 러자 이쪽은 자기네 배에 탄 손님들에게 뷔페를 차려줍니다. 설 마 이러기야 했겠냐마는 실제로 운송료를 90%까지 내렸던 것은 사실입니다. 그 정도 출혈을 감수하면서까지 경쟁했다는 것은 죽기 살기로 한판 승부를 본 것임에 틀림없지요.

그러던 중 1885년 이와사키가 암으로 유명을 달리합니다. 신정부는 양사의 싸움을 중재하죠. 결국 두 회사는 합병을 통해 니폰우선日本郵船으로 재탄생합니다. 합병회사의 새 경영진은 미 쓰비시 측의 멤버들이 다수를 차지했습니다. 당시 경제계는 두 회사에 대해 "교도운수에는 배가 있지만 사람이 없고, 미쓰비시 에는 사람이 있지만 배가 없다"고 평가했습니다. 교도운수의 배는 최첨단 고속선이지만 미쓰비시의 배는 노후화되어 있었습니다. 반면 선원이나 기관사 등 인력 면에서는 미쓰비시의 능력이 앞섰습니다. 두 회사의 합병은 인적 자본과 물적 자본의 매칭을 실현한 선례가 되었습니다. 이후 니폰우선은 미쓰비시 그룹의 소속사로 넘어갑니다. 합병 당시에는 이미 시부사와가 경영에 손을 뗀 후였습니다만, 결과적으로 해상 경쟁은 이와사키의 승리로 끝나게 됩니다.

이와사키가 죽은 뒤, 열여섯 살 어린 동생 이와사키 야노스케岩崎彌之助가 대권을 이어받습니다. 8년간 경영한 뒤 히사야久彌 (열네 살 어린 그의 장조카, 즉 야타로의 아들)에게 3대 사장 자리를 물려줍니다. 히사야는 이후 고야타小彌太(열네 살 어린 사촌 동생, 즉 야노스케의 아들)에게 4대 사장 자리를 물려줍니다. 고야타가 29년간 경영을 한 후, 장손인 히코야타彦彌太에게 5대 사장 자리를 물려주려고 하는데, 이때 일본이 2차 세계대전에서 패배합니다. 이후 미군정의 계획에 따라 재벌 체제가 해체되고 미쓰비시의 회장 자리는 그렇게 4대로 끝나게 됩니다.

경쟁할 것인가, 경쟁에서 벗어날 것인가

가능한 한 전쟁과 경쟁은 하지 않는 것이 좋습니다. 손자孫子도

"싸우지 않고 굴복시키는 것이 최상"이라고 했습니다. 최고의 전략은 싸우지 않는 것이지요. 시부사와 또한 지나친 경쟁보다는 동맹을 선호했습니다. 여기서 잠깐, 경쟁과 관련해서 몇 가지 경영 철학을 소개하고 이번 장을 마무리하겠습니다.

마이클 포터Michael Porter의 《경쟁 전략Competitive Strategy》이란 책을 아시는지요? 제목만 봐서는 경쟁에서 이기는 전략을 이야기하는 책 같습니다. 그런데 그렇지 않습니다. 포터는 경쟁하지 않고 이기는 전략을 이 책에 담았습니다. 경제학 박사 출신답게 그의 이론은 미시경제학에 뿌리를 둡니다. 미시경제학 중 '산업조직론'이란 분야가 있습니다. 그 안에는 독점에 관한 이론이 있는데, "독점이나 카르텔에 의해 어떻게 초과이윤이 발생하는가"를 설명합니다. 이러한 분석법을 학자들은 'S-C-P 패러다임'이라고 합니다. 특정 산업구조Structure 내에서 기업이 어떻게 행동해야Conduct 좋은 성과Performance를 낼 수 있는지 분석하는 것이지요.

그런데 포터는 달리 생각합니다. 즉 이론을 거꾸로 연구하면, "어떻게 해야 독점금지법에 저촉되지 않으면서 독점과 유사한 상황을 만들 수 있을까"가 됩니다. 기업으로선 독점과 유사한 산업 환경을 만들면 높은 경영 성과를 창출하지 않겠습니까? 윈도 3.0 시절 마이크로소프트Microsoft와 인텔Intel이 떼돈을 번 것, 비아그라가 처음 나왔을 때 화이자Pfizer가 돈을 긁어모은 것처럼 말이죠. 다른 기업들이 내가 있는 시장에 들어오지 못하도록 진입 장벽을 높이고, 경쟁기업이 시장에서 나가기 쉽도록 철수 장벽을 낮추는 것이 기업이 취해야 할 전략이라고 포터는 보았습니다.

이와 비슷한 맥락으로, 김위찬과 르네 마보안Renee A. Mauborgne의 《블루 오션 전략Blue Ocean》이 있습니다. 지금까지는 레드오션Red Ocean, 즉 경쟁자가 있는 시장에서 피 튀기는 싸움을 벌였다면, 이제는 블루오션 즉 당신만이 공급자로 존재하는 시장을 만들어서 그 시장을 독점하라는 것이 이 책의 기본 뼈대입니다.

이 책에 나오는 대표적 사례로 '시르크 뒤 솔레이유Cirque du Soleil(태양의 서커스)'가 있습니다. 동물이 등장하는 서커스를 없애고 예술적인 요소를 더해 큰 성공을 거둔 것으로 유명하죠. 태양의 서커스가 성공한 요인을 한마디로 정리하면, '경쟁을 멈춘 것'이라고 할 수 있습니다. 그렇습니다. 경쟁자를 이기는 유일한 방법은 경쟁자를 이기려는 노력을 그만두는 것입니다. 블루오션은 게임의 규칙이 정해져 있지도 않고, 항해 지도도 없습니다.

저자들은 블루오션의 핵심으로 '전략적 이동strategic move'을 꼽습니다. 1908년 모델 T Model T를 출시한 포드Ford, 1924년 감성적 스타일의 차를 출시한 GM, 1980년 세계 최초로 24시간 실시간 뉴스 방송을 시작한 CNN을 비롯해 스타벅스, 사우스웨스트항공Southwest Airlines 등 적절한 시기에 적절한 시장으로 이동한 기업은 성공했습니다. 이들은 남들보다 먼저, 남들이 생각하지 못한 시장을 만든 기업들입니다.

최초의 힘

그런데 블루오션으로 인해 경쟁 우위를 누릴 수 있는 기간은 상황에 따라 다릅니다. 강원랜드처럼 국가가 독점을 보장하면, 관련 법이 바뀌기 전까지는 독점적 우위를 향유할 수 있습니다. 비아그라 같은 약품이라면 특허 기간만큼 독점 사업이 됩니다. 그렇지만 이런 경우는 극히 드뭅니다. 사업성이 보이면 자본과 인력이 투자되고 기업은 시장을 두고 경쟁하게 됩니다. 이때 소위 혁신이 일어납니다. 미국의 항공사 아메리칸 에어라인American Airlines이 세계 최초로 마일리지 프로그램을 도입해 한때 시장의 강자로 급부상했지만, 지금은 모든 항공사가 이를 따라 하고 있지요. 신라면은 열라면처럼, 오징어땅콩은 오징어땅콩볼처럼 유사한 상품이 등장합니다.

그래도 최초가 가진 힘은 강력합니다. 모델 T는 최초의 대중용 자동차를, GM은 최초로 다양한 종류의 차를 선보였습니다. CNN은 최초의 24시간 뉴스 방송입니다. 사우스웨스트항공

은 최초로 단거리 저가 노선을 취항했습니다. 코스트코Costoco
는 창고형 할인점 기업 중 최초로 '회원제 및 적정 마진' 개념을
만들어냈습니다. 이런 성공 사례는 끝도 없이 찾아볼 수 있습니
다. 어떤 분야에서든 최초가 되면 사람들의 머릿속에 오래 남습
니다. 달에 최초로 발을 디딘 사람이 닐 암스트롱Neil Armstrong이
라는 것은 다들 잘 알지만 두 번째로 달에 간 사람이 누구인지는
아는 사람이 드뭅니다. 세계에서 가장 높은 산은 에베레스트입
니다. 두 번째는 어디인지 아시나요?

첫 번째가 갖는 또 다른 위력도 있습니다. 탐험대를 이끌고
대서양을 건너 아메리카 대륙에 도달한 두 번째 선장은 누구일
까요? 1497년, 그러니까 크리스토퍼 콜럼버스Christopher Columbus
의 첫 번째 항해가 있고 5년 뒤 아메리카 대륙에 도달한 선장이
있습니다. 존 캐봇John Cabot입니다. 어쨌든 성공리에 탐험을 마치
고 조국인 영국에 돌아왔는데, 왕은 그에게 10파운드라는 보잘
것없는 돈을 하사했답니다. 캐봇은 부도, 명성도 얻지 못한 것은
물론 역사책에 언급되지도 못했습니다. 이게 바로 두 번째에 주
어지는 보상입니다. 잔인한가요? 세상이 그렇습니다.

최초가 되기 위해서는 어떻게 해야 할까요? 좁혀야 합니
다. 콘셉트도 좁혀야 하고 고객도 좁혀야 합니다. "누가 우리의
고객일까"가 아니라 "누가 우리의 고객이 아닐까"를 스스로에
게 물어봐야 합니다. 좁히고 좁히다 보면 궁극적인 고객이 나옵

니다. 그리고 그 고객에게 집중해야 합니다.

한때 신라호텔도 강사로 초빙했던 고려대학교 앞 중국집 '설성반점'의 배달원, 번개를 아십니까? 그는 탕수육을 시키면 서비스로 만두가 아닌 스타킹을 주었던 것으로도 유명합니다. 무엇을 주문하든, 누가 결제하든 주문은 그 회사의 막내 서무 여직원이 한다는 사실에 착안한 것입니다. 그가 보기에 궁극적인 고객은 서무 여직원이었어요. 이 같은 논리는 배달의민족에 전수되었죠. 배달의민족 김봉진 대표는 회사든 대학이든 돈은 누가 내는지 몰라도 배달 주문은 그 조직의 막내가 한다는 사실에 착안해 B급 광고를 만듭니다. 모두 고객을 좁힌 결과입니다.

시장을 좁혀야 합니다. 어느 정도까지 좁히냐면 1등을 할 수 있을 때까지 좁혀야 합니다. 예를 들어, 샴푸를 만든다고 합시다. 그런데 기존 경쟁자들이 워낙 막강하죠? 샴푸 시장에서 1위 하는 것은 힘든 일입니다. 그렇다면 점점 구체화하는 겁니다. 비듬 시장에서 1위를 해보겠다고요. 그것도 어려우면 10대 후반에서 20대 중반, 그것도 1등을 하기 어려울 것 같으면 고등학생으로 범위를 더 좁힙니다. 서울 지역 강남구 대치동 2학년 남자 고등학생은 확실히 잡겠다! 이렇게요. 이렇게 대상을 구체화하면 물건을 들고 대치동으로 가겠죠. 학원에 왔다 가는 학생들에게 샘플을 나눠주겠지요. 품질이 좋으면 입소문이 날 겁니다. 그러면 그 시장에서 1등을 할 수 있게 됩니다. 그다음엔 자연스럽게 시장이 확장됩니다. 고등학교 2학년에서 고등학교 1학년, 3학년으로 확장됩니다. 강남구 대치동에서 도곡동, 개포동으로 넓혀집니다.

경제연구소에 재직하던 당시 저는 마케팅, 전략, 브랜드 분야에 관해 많은 연구를 했습니다. 1999년에 발간한 책 《브랜드가 모든 것을 결정한다》 덕분에 브랜드 쪽에서는 한때 유명 인사가 되기도 했지요. 그러다가 임원이 되면서 연구에서는 멀어졌는데, 퇴직하고 나서 가장 먼저 뒤져본 분야가 브랜드 쪽이었습니다. 전문가가 많이 있더군요. 십수 년 전 제 명성으로는 뚫고 들어갈 곳이 없었습니다. 그래서 이렇게 저렇게 시장을 좁혀봤습니다. 저만 했던 경험, 그중에서도 최근 경험이 무엇인지 살펴봤어요. 경제연구소를 퇴사하기 전에 '사회공헌연구실장'을 4년 동안 했습니다. 24시간 사회공헌만 연구한 거죠. 이를 기반으로 무엇을 할 수 있을까 고민했습니다. '사회적으로 도움이 되면서 돈도 버는 비즈니스 모델'이란 분야가 잡히더군요. 아직 이쪽 시장에는 전문가가 없었습니다. 이런 생각을 바탕으로 2017년 《빅 프라핏》이란 책을 출간했습니다.

마침 《블루오션 시프트Blue Ocean Shift》가 출간된 해였습니다. SK그룹이 이 두 권의 책에 관심을 보였습니다. 조금씩 시장에서 지명도가 높아졌습니다. 그러다 'ESG'란 단어가 급부상하더군요. CSR, 환경, 사회공헌 관련 전문가들이 모두 ESG로 갈아

탔지요. 비아냥거리려는 게 아닙니다. 트렌드가 바뀌는 것에 따른 당연한 수순이지요. 저도 '사회적 이익과 경제적 이익을 동시에 추구하는 기업 사례에 강한 ESG 전문가'로 자리매김했습니다.

시부사와는 독점을 싫어했습니다. 독점 상황에서는 기업이 자기 멋대로 가격을 결정해서 소비자가 피해를 볼 수밖에 없다고 생각했기 때문입니다. 그런데 아이러니하게도 시부사와라는 인물 자체는 일본 경영계에서 독점적인 위치, 대체 불가능한 사람으로 자리 잡았습니다. 파리만국박람회에 참관하면서 개화된 유럽의 실상을 가장 먼저 보았고, 주식회사 등 자본 시장의 원리를 배워 와 일본에서 제일 먼저 회사를 만들었습니다. 은행도 그의 손을 통해 탄생했습니다. 짧지만 정부 관료 생활을 하면서 관료로서 일본 경제 시스템을 개혁합니다. 미쓰이라는 엄청난 재벌에게 백지수표를 받을 정도로 독특한 이력을 만든 겁니다.

여러분은 지금 어느 분야의 전문가인가요? 여러분이 목표로 삼은 분야의 범위가 너무 넓지는 않은가요? 기업이든 사람이든 큰 연못의 작은 고기가 아니라 작은 연못의 큰 고기가 되어야 합니다. 그리고 작은 연못을 확실히 장악한 다음에 크기를 키워 나가야 합니다.

6장

재벌이 되길
거부한
경영자

일본 8대 재벌

삼성, 현대, SK를 우리는 무엇이라고 부르나요? 그렇습니다. 재벌이라 칭합니다. 이 단어는 일본어 '자이바쓰財閥'가 그대로 수입된 경우입니다. 그래서 재벌을 이해하려면 일본 재벌에 대해 알아야 합니다.

재벌은 크게 4가지 특징이 있습니다. 첫째, 가족 지배. 둘째, 지주회사. 셋째, 다양한 분야의 사업 경영. 넷째, 각 산업에서의 과점. 1945년 제2차 세계대전이 끝난 뒤 일본을 점령한 미군정은 재벌이 일본의 군국주의를 지원했으며 민주주의 발전에 위협이 된다는 이유로 해체를 합니다. 그림 22는 재벌 해체 이전의 미쓰이와 미쓰비시의 계열사를 정리한 것입니다.

그림에서 보는 것처럼 재벌은 본사(지주회사)가 계열사를 지배하고, 그 본사를 재벌의 가족들이 지배합니다. 창업 때부터 이런 모델이었던 것은 아닙니다. 미쓰이의 경우, 10대 당주인 다

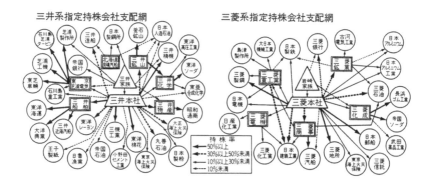

그림 22. 미쓰이와 미쓰시비의 문어발식 기업도

카미네가 이런 재벌 구조를 만들었습니다. 미쓰비시도 4대 사장
에 이르러 재벌 형태를 띠게 됩니다.

　　그림 23을 보시죠. 메이지유신 이후에 형성된 일본 8대 재
벌과 회장들의 사진입니다. 각 재벌과 시부사와 에이이치는 어
느 정도 관계가 있었습니다.

　　1번 사진은 미쓰비시의 1대 사장 이와사키 야타로입니다.
시부사와는 미쓰비시와 적대 관계였습니다. 스미다강 뱃놀이 행
사에서 이와사키의 제안을 거절한 순간, 미쓰비시와는 돌이킬
수 없는 강을 건넌 사이가 되었죠.

　　2번 사진은 미쓰이 8대 당주 미쓰이 다카요시입니다. 시부
사와는 미쓰이와 절대적인 신뢰 관계였습니다. 시부사와는 미쓰
이 실세인 미노무라 리자에몬에게 백지수표를 받을 정도의 대우

財閥創業者
Founders of the "Zaibatsu" (konzerne)

| 5 | 浅野 ASANO 淺野總一郎 Asano Soichiro 1848(嘉永1)年~1930(昭和5)年 | 1 | 三菱 MITSUBISHI 岩崎彌太郎 Iwasaki Yataro 1834(天保5)年~1885(明治18)年 | 6 | 大倉 OHKURA 大倉喜八郎 Ohkura Kihachiro 1837(天保8)年~1928(昭和3)年 | 8 | 川崎 KAWASAKI 川崎八右衛門 Kawasaki Hachiemon 1866(慶応2)年~1947(昭和22)年 |

| 3 | 住友 SUMITOMO 住友吉左衛門 Sumitomo Kichizaemon 1864(元治1)年~1926(大正15)年 | 7 | 古河 FURUKAWA 古河市兵衛 Furukawa Ichibei 1832(天保3)年~1903(明治36)年 | 2 | 三井 MITSUI 三井八郎右衛門高福 Mitsui Hachiroemon Takayoshi 1808(文化5)年~1885(明治18)年 | 4 | 安田 YASUDA 安田善次郎 Yasuda Zenjiro 1838(天保9)年~1921(大正10)年 |

그림 23. 일본 8대 재벌 회장들

를 받았습니다. 미쓰비시의 대척점에 미쓰이가 있을 때, 시부사와는 미쓰이와 함께했습니다.

　3번 사진은 스미토모 15대 당주입니다. 스미토모는 8대 재벌 중 유일하게 시부사와와 접점이 없습니다. 스미토모는 오사카가 근거지이고, 주로 간사이 지방에서 활약했기 때문에 도쿄가 근거지인 시부사와와는 끝까지 인연이 없었지요. 그러나 앞서 미쓰비시와 미쓰이를 소개했고, 일본 3대 재벌 중 한 곳인 스미토모를 빼놓을 수 없기에 가볍게 소개하겠습니다.

광산 재벌, 스미토모

스미토모의 창업주 스미토모 마사토모住友政友는 승려였다가 환속한 인물입니다. 승려 신분일 때도 장사를 했다고 합니다. 1615년 교토에서 후지야富士屋라는 점포를 열어 책과 약을 팔기 시작한 것이 스미토모의 시작입니다. 이후 구리 제련, 무역, 금융, 제조, 건설, 서비스 등 다양한 분야로 사업을 확장합니다.

　　사업 초기, 마사토모에게는 소가 리에몬蘇我理右衛門이라는 처남이 있었습니다. 그는 구리 정련 기술을 갖고 있었는데, 특히 동광석에서 은을 분리하는 기술로 큰돈을 벌었습니다. 그의 도움으로 스미토모는 구리 제련으로 사업을 확장합니다. 이후 리에몬의 아들인 도모모치友以가 마사토모의 딸과 결혼해 데릴사위가 되어 스미토모 2대 당주가 됩니다. 3대 당주는 도모노부友信입니다. 이때부터 당주들은 깃자에몬吉左衛門이란 이름을 사용합니다. 3번 사진에서도 '깃자에몬'이란 이름을 찾아볼 수 있습니다. 3대 당주인 도모노부는 도쿠가와 막부 산하 최고의 광산업자였습니다.

4대 당주 도모요시友芳는 에이메현에 있는 벳시 광산에서 구리를 채굴하는 데 성공합니다. 이 광산은 1691년 개발되어 1973년 폐광될 때까지 무려 282년간 운영되면서 스미토모의 달러 박스란 소리를 들었습니다. 도모요시는 스미토모 '중흥의 시조'로 불리지요.

스미토모 가문은 이후로도 계속 명맥을 유지합니다. 후계자가 없으면 양자를 들였고, 당주로 내세웠던 동생이 죽으면 형이 대를 잇게 만드는 등 어쨌든 계속됩니다. 그러다 1890년 곤란한 일을 겪습니다.

1890년, 12대 당주가 48세 나이로 사망합니다. 뒤를 이어 19세인 아들이 13대 당주 자리에 오릅니다. 그런데 같은 달, 갑자기 아들마저 세상을 떠납니다. 12대 당주의 부인은 일주일 사이에 남편과 아들을 모두 잃었습니다. 그러나 슬퍼할 겨를이 없었습니다. 대를 이어야 했으니까요. 불길을 꺼야 하니 12대 당주의 부인 본인이 14대 당주 자리에 오릅니다. 그리고 대를 이을 사람을 찾죠. 고민 끝에 17세기 말부터 18세기 초 113대 천황을 지낸 히가시야마東山의 5대손의 여섯 번째 아들을 후보로 낙점합니다. 1892년 그를 자신의 딸과 결혼시킨 뒤 15대 당주로 임명하지요. 그가 바로 3번 사진의 인물로 간사이 지방 최고 부자로 평가받던 도모이토友純입니다. 한마디로 말해서 스미토모 가문의 피가 한 방울도 섞이지 않았지만 스미토모 가문의 이름을 이은 경우입니다. 이런 사례는 재벌뿐만 아니라 작은 기업이나 기업에서도 어렵지 않게 발견할 수 있는 일본의 특징입니다.

도모이토는 광산업에서 벗어나 1895년 스미토모은행住友銀行을 선보입니다. 제일국립은행, 미쓰이은행에 비해선 20년 정도 늦은 시점이었지요. 이름에 '국립'이란 단어가 들어간 은행만 153개에 달한다고 앞서 말씀드렸습니다. 하지만 저력의 스미토모 아닙니까? 20년 늦게 시작했지만, 1920년쯤에는 제일국립은행, 미쓰이은행과 더불어 일본 3대 은행이 됩니다.

도모이토는 황족 출신입니다. 귀하게 자랐겠죠. 게다가 스미토모 가문의 당주가 되면서 엄청난 부를 차지하게 됩니다. 그런 그가 1897년 218일간 해외여행을 떠납니다. 샌프란시스코, 시카고, 뉴욕을 거쳐 파리, 런던, 마르세유까지 돌아보는 여정이었습니다. 이를 계기로 "서구에서는 부자들이 미술관, 박물관 등 공공시설을 짓고, 사재를 털어 자선사업을 하는구나!" 하고 감명을 받죠. 귀국 후, 도모이토는 오사카부립미술관이 건립될 때 큰돈을 기부하고 평소 수집해온 중국 청동기 시대 유물들을 모아 센오쿠하쿠고칸泉屋博古館이라는 박물관을 교토와 도쿄에 만듭니다. '센오쿠'라는 이름은 스미토모 창업자의 처남인 리에몬의 가게 이름에서 따왔다고 합니다.

야스다 젠지로의 성쇠순환

4번 사진은 야스다의 창업자 야스다 젠지로安田善次郎입니다. 1838년생이니 시부사와보다 두 살 많습니다. 야스다 그룹은 우리나라에 잘 알려져 있지 않습니다. 그러나 일본에서는 앞서 설명한 3대 그룹에 야스다를 더해 4대 그룹이라 부르기도 합니다. 시부사와와 야스다는 데면데면한 사이였습니다. 서로의 존재를 알았지만 궁합이 맞지 않았거든요.

창업자 야스다의 일생도 주목해볼 만합니다. 도야마현 하급 무사 집안에서 태어난 그는 1864년 환전상 '야스다야'를 개업하면서 돈을 모으기 시작합니다. 특히 환전상 모임의 간사를 맡아 정보를 꾸준히 수집했습니다. 그러다 태정관찰이 발행되는 시점에 환투기를 합니다. 태정관찰의 가치가 하락하면 돈을 버는 구조를 만들었고, 이 투기에 성공하면서 거부의 반열에 오릅니다. 야스다는 일본에서 세 번째로 은행을 개설합니다. 그래서 그가 만든 은행을 제3국립은행이라 부르지요. 이후 이 은행은 야스다은행安田銀行, 후지은행富士銀行을 거쳐 현재 미즈호은행이 되었습니다.

야스다는 1921년 국수주의자에게 암살당합니다. 테러리스트는 "간악한 부자 야스다 젠지로, 막대한 부를 일구고도 부호의 책임을 다하지 않았다. 이에 천벌을 내려 세상의 경계로 삼겠다"는 편지를 남깁니다. 사망 당시 그의 총자산은 2억 엔에 달했습니다. 당시 일본 국가 예산이 16억 엔 정도였으니 국가 재정의 8분의 1에 달하는 재산을 일궜던 셈입니다. 2023년 우리나라 예산은 640조 원 정도입니다. 이를 8로 나누면 80조 원. 요즘 시세로 한국에서 80조 원 정도의 재산을 갖고 있었다는 의미죠. 대단합니다.

테러리스트의 주장처럼 그가 간악한 부자이기만 했던 것은 아닙니다. 환투기 등의 방법으로 부를 축적했지만 사생활에 있어서는 검소하고 사치하지 않은 것으로 유명합니다. 오죽하면 '구두쇠 야스다ケチの安田'라는 별명이 붙었겠습니까. 나름 기부도 했습니다. 도쿄대학에 가면 지금도 그의 기부에 감사하는 뜻으로 지어진 '야스다 강당'이 있습니다.

야스다는 부의 관점에서 좀 더 살펴볼 필요가 있습니다. 그는 자신의 인생 철학을 '성쇠순환盛衰循環'으로 표현했습니다(그림 24 참조).

인생은 곤궁困窮에서 시작합니다. 그러나 발분發憤. 즉 분발을 하면 여기에서 벗어날 수 있습니다. 분발하기 위해서는 근검勤儉이 바탕이 되어야 합니다. 마음가짐만으로는 부족하고, 실제로 행해야 합니다. 앞서 언급했지만 야스다는 검소한 생활을 한 것으로 유명합니다. 그러면 부족富足, 즉 부유한 단계에 도달합니다(부족은 재물이 부족하지 않다는 의미입니다).

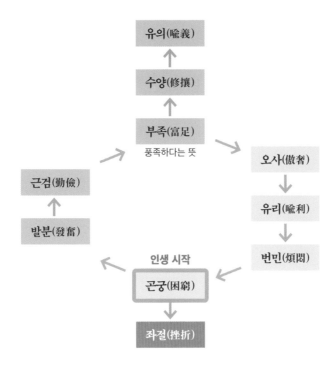

그림 24. 성쇠순환의 원리

　　그런데 여기서 두 갈림길이 나옵니다. 인격을 제대로 수양
修養하면 위로 올라갑니다. 유의喩義, 바른 도리를 깨우치는 단계
에 도달하지요. 공자가 이르기를 "군자유어의 소인유어리君子喩於
義 小人喩於利"라고 했습니다. "군자는 도의에 밝고, 소인은 이익에
밝다" 정도로 이해하면 됩니다. 야스다가 말한 '유의'는 군자의
길을 뜻합니다. 잠깐 옆길로 새는 이야기이지만, 일본 무사들은

무력을 숭상했다고 알려져 있지요? 그런데 평화가 오래 지속된 도쿠가와 막부 시대에는 유교가 무사들의 기본 소양으로 널리 받아들여졌습니다. 하급 무사 출신이지만 야스다도 어렸을 때부터 유학을 배웠을 겁니다.

문제는 옆으로 빠지는 다른 길입니다. 오만과 사치를 의미하는 오사傲奢라는 단어가 나옵니다. '사치하다', '교만하다', '남을 얕보다', '우쭐거리다', '잘난 체하다'라는 뜻을 가지고 있습니다. 그러면 유리唯利로 넘어가게 됩니다. 유의가 군자의 길이라면 유리는 소인의 길입니다. 소인배가 되는 것이지요. 그러면 번민煩悶에 빠집니다. 마음이 번거롭고 답답하고 괴로운 상태가 되는 것이지요. 그러면 다시 곤궁의 상태로 돌아갑니다. 그나마 정신을 차리고 분발하면 다시 한 번 치고 올라갈 수 있지만 그러지 못하면 좌절挫折에 빠져 인생이 끝나버립니다. 야스다는 성쇠순환을 통해 오만이 얼마나 무서운 것인지 강하게 경고했습니다.

오만을 경계하라

짐 콜린스Jim Collins도 오만의 무서움에 대해 얘기했습니다. 그는 1994년《성공하는 기업의 8가지 조건built to last》, 2001년《좋은 기업을 넘어 위대한 기업으로good to great》의 성공에 힘입어 경영

대가의 반열에 올랐습니다.

그런데 2008년 글로벌 금융위기가 닥치면서 그가 위대한 기업이라고 칭송했던 회사들이 몰락하는 장면을 목도하게 됩니다. 덩달아 그의 명성에도 금이 갔습니다. 그러자 그는 위대한 기업이 왜 망했는지 연구합니다. 그 결과물이 2009년 발간된 《위대한 기업은 다 어디로 갔을까how the mighty fall》입니다.

이 책에서 콜린스는 야스다처럼 쇠망의 출발점으로 자만심을 꼽습니다. 행운의 여신 포르투나fortuna라고 들어보셨습니까? 그녀는 공평의 여신으로도 불립니다. 행운이 있으면 대체로 돈, 권력, 명예 등을 남보다 더 갖게 되는데, 그녀는 오만도 함께 선물한다는군요. 성공한 자는 바로 이 오만 때문에 무너지게 됩니다. 동서고금을 막론하고 오만은 실패의 지름길입니다. 겸손, 또 겸손해야 하는 이유입니다. 콜린스가 설명한 오만에서 벗어나는 법을 요약하면 다음과 같습니다.

성공하면 자만심이 생깁니다. 그다음에는 원칙 없이 더 많은 욕심을 부리게 됩니다. 이때 위기의 징조가 보입니다. 하지만 회사는 위험과 위기의 가능성을 부정합니다. 어느 틈엔가 회사가 어려워지면, 구원을 찾아 헤매게 됩니다. 외부에서 CEO를 영입하는 등 다양한 방법을 쓰는 것이지요. 그러다가 결국 회사의 생명이 끝나는 경우를 수없이 보게 됩니다. 다행히 회복과 부활의 길도 있습니다. 어둠에서 벗어나는 길은 포기할 줄 모르는 끈

질김과 함께 시작됩니다. 실패는 물리적 상태보다 정신적 상태와 더 깊은 관계가 있는 단어입니다. 정신줄 놓지 않고 한 걸음씩 나가다 보면 언젠가 다시 정상에 올라가 있는 자신을 발견하게 됩니다. 결론적으로 몰락은 감지할 수 있고, 몰락은 피할 수 있으며, 몰락은 되돌릴 수 있습니다.

야스다가 강조한 또 다른 단어는 '극기克己'입니다. 그는 "단지 성심을 갖고 방심하지 않고, 쉼 없이 노력하면 결국에는 신기하게도 뜻을 이루게 된다. 한번 정한 뜻을 끝까지 관철하는 것은 큰일을 이루고 이름을 남긴 모든 위인들의 공통된 특징이다. 극기심이 강할수록 부자가 될 확률이 높다"고 말했습니다. 요즘 세상에 극기를 논하는 것은 구식처럼 느껴집니다. 그래도 당대에 재벌이라고 불린 사람의 말이니 소홀히 해서는 안 되겠죠?

시부사와도 극기를 강조했습니다. 시부사와는 극기를 설명하기 위해 도쿠가와 이에야스를 자주 예로 들었습니다. 앞서 이야기한 것처럼 이에야스는 기다림의 달인이었습니다. 기다리려면 극기가 필요합니다. 그는 후손들에게 다음과 같은 말을 남겼습니다.

인생은 무거운 짐을 등에 지고 먼 길을 떠나는 것과 같다. 서둘러서는 안 된다. 세상일이 마음대로 되지 않는 것을 항상 있는 일로 받아들이면 마음이 편치 않은 일도 없을 것이다. 욕구하는 마음이 생기면 곤궁했던 때를 떠올려라. 인내하는 것은 오래도록 무사히 마음의 평안을 얻는 길이다. 분노는 자신에게 해로운 적이다. 이기는 것만 알고 지는 것을 모르는 것은 위험하다. 자신을 반성하고 타인을 책망하지 마라. 모자라는 것이 넘치는 것보다 낫다.

시부사와는 《논어論語》를 인용해 이를 다음과 같이 해석했습니다. 《논어》〈태백泰伯〉 편에 이런 말이 나옵니다.

선비라면 반드시 넓고 꿋꿋해야 한다. 맡은 바 일이 무겁고 갈 길이 멀기 때문이다. 인仁을 자기의 일로 삼고 있으니 그 또한 무겁지 않겠는가? 죽은 다음에야 멈출 터이니 그 또한 멀지 않겠는가?

士不可以不弘毅 任重而道遠 仁以爲己任 不亦重乎 死而後已 不亦遠乎

《논어》에 기반한 사업가 정신을 강조한 시부사와는 일본인들이 '신군神君'이라고 부르는 이에야스가 《논어》에 기반한 삶을 강조한 게 마음에 들었나 봅니다.

그러나 시부사와는 야스다의 검약 정신에 대해서는 다른 생각을 갖고 있었습니다. 기본적으로 많이 베풀어야 한다는 것이 시부사와가 설파한 청부론의 핵심입니다. 그런데 야스다는 어쨌든 구두쇠입니다. 돈을 써야 하는데, 쓰지 않는 것이지요.

야스다가 죽고 8년 후인 1929년, 일본에서 《은행왕 야스다 日本の銀行王 安田善次郎》라는 책이 발간됩니다. 시부사와는 이 책의 서문을 부탁받습니다. 어차피 돌아가신 분, 좋은 얘기만 써도 됩니다. 그러나 시부사와는 그러지 않았습니다. '검약했다', '훌륭했다', '거부가 되었다', '경제계에 기여한 바가 크다' 등 일단 좋은 말을 썼습니다. 그리고 이렇게 토를 달았습니다. '공자를 좀 더 공부했더라면, 더욱 큰사람이 되었을 것이다.' 시부사와가 강조한 '논어와 주판' 중 주판은 훌륭한데, 《논어》가 부족하다는 의미입니다. 역시 까칠한 시부사와입니다.

아사노, 부지런함의 상징

5번 사진은 아사노 소이치로浅野総一郎입니다. 아사노가 시부사와 덕분에 재벌이 되었다고 하면 과장된 표현이겠지만, 어쨌든 아사노는 재벌 중 시부사와의 도움을 가장 많이 받았습니다.

아사노는 1848년 내과 의사의 아들로 태어났습니다. 아버지가 의사이니 당연히 아버지의 업을 물려받을 것으로 생각했지만, 그는 장사에 관심이 더 많았습니다. 첫 사업으로 해산물 거래를 시작했는데, 그만 배가 조난 당해 파산하고 맙니다. 그러자 아내의 집안에서 이혼하거나 장사를 접거나 양자택일하라고 했답니다. 아사노는 어떻게 했을까요? 이혼합니다.

이혼까지 했지만 여전히 되는 일이 없었습니다. 그래서 좋게 표현해서 환경을 바꿔보기로 합니다. 24세 때인 1871년 도쿄로 야반도주합니다. 도쿄에서 묵고 있던 여관 주인의 조언에 따라 여름에는 설탕물을 팔고 겨울에는 어묵을 팔았습니다. 그런대로 장사가 잘 됐습니다. 그런데 이게 웬 운명의 장난입니까? 갑자기 도둑이 들어 번 돈을 모두 잃어버렸고, 옆집에 불이 나는 바람에 전 재산을 날립니다. 불운의 연속이었지요. 하지만 아사노는 좌절하지 않았습니다. 더 열심히 일했습니다. 마차를 끄는 말처럼 말이죠.

이런 이야기가 시부사와의 귀에 들어갑니다. 시부사와는 아사노가 어떤 사람인지 궁금했습니다. 다리를 놓아 만남을 청하니 "낮엔 정신없이 일하느라 저녁밖에 시간이 없다"는 답변을 듣습니다. 그래서 시부사와는 저녁에 자신을 만나러 오라고 했습니다. 그가 몇 시에 찾아왔는지 아십니까? 밤 10시에 찾아와 시부사와 집의 문을 두드렸습니다. 시부사와의 거처에선 난리가 났어요. 시부사와가 이미 잠든 뒤였거든요. 아사노는 "저녁에 오라고 해서 저녁에 온 겁니다. 10시가 저녁이지 그럼 밤인가요?"
라고 저택의 관리인에게 되물었다고 합니다. 이 이야기를 들은
시부사와는 그의 당당함에 더욱 호감을 갖게 됩니다.

　이후 시부사와와 아사노는 다양한 사업을 함께합니다. 아
사노가 직접 관여한 회사는 총 28개인데, 이 중 15개 회사에 시
부사와의 이름이 오릅니다. 나이가 여덟 살이나 많은, 그리고 경
험도 많은 시부사와가 아사노를 이끌어준 것이죠. 시부사와가
아사노를 결정적으로 도와준 사례로 1884년 정부가 소유한 시
멘트 공장을 불하받은 일을 들 수 있습니다. 사실 시부사와는 아
사노에게 호감을 갖고 있었지만, 시멘트 사업에 진출하는 것은
탐탁지 않게 생각했습니다. 당시에는 시멘트 산업보다는 방적
산업이 훨씬 전도유망했거든요. 하지만 아사노의 생각은 달랐습
니다. 그는 화재로 인해 큰 손해를 본 경험이 있었습니다. 일본
은 전통적으로 목재 건물이 주를 이루었지요. 목재로 된 집은 불
이 나면 속수무책입니다. 그래서 때가 되면 시멘트가 나무를 대
체할 것으로 본 겁니다.

　시부사와는 아사노가 좋은 조건으로 정부 소유의 시멘
트 회사를 살 수 있도록 도와줍니다. 이 회사는 오늘날 매출액
8,880억 엔, 종업원 1만 3,000명(2020년 기준)인 다이헤이요太平洋
시멘트로 성장합니다. 다이헤이요는 아사노가 재벌로 변신하는
주춧돌이 된 회사이지요.

시부사와의 습관

《명심보감明心寶鑑》에 '대부大富는 유천由天하고 소부小富는 유근由
勤이니라'라는 말이 나옵니다. '큰 부자는 하늘이 만들고 작은 부
자는 근면이 만든다'는 뜻이지요. 시부사와는 91세까지 현역으
로 활동하면서 근면을 실천했습니다. 그의 시간표를 볼까요.

> 오전 6~7시 : 기상
>
> 오전 7~8시 반 : 아침 식사
>
> 오전 9~11시 : 독서
>
> 정오~오후 6시 : 업무(외출해서 각종 회의 참석)
>
> 오후 6~7시 : 저녁 식사
>
> 오후 7~10시 : 독서
>
> 오후 10시 : 취침

점심은 먹지 않았고, 낮잠을 자지도 않았습니다. 대신 밤
10시면 꼬박꼬박 잠자리에 들었지요. 그런데 아사노가 밤 10시
넘어 찾아와 문을 두드렸으니 집 안에 난리가 날 만도 합니다.
하루 독서 시간만 다섯 시간입니다. 엄청난 독서량이지요. 이 같
은 일상을 유지하는 데 시부사와는 굉장히 엄격했다고 합니다.

시부사와의 하루 습관을 살펴보면서 스티븐 코비Stephen

Covey의《성공하는 사람의 7가지 습관Seven Habits Of Highly Effective People》이라는 책이 떠올랐습니다. 코비의 7가지 습관은 개인에게 관련된 습관 3가지, 대인관계와 관련된 습관 3가지, 그리고 이 6가지를 지속시키는 습관 1가지로 구성되어 있습니다. 먼저 개인이 변하고, 다음에 주변과의 관계를 개선한 뒤 좋은 습관이 깨지지 않도록 노력하는, 나름의 구조를 갖고 있다고 하겠습니다. 코비는 시부사와보다 한참 후대 사람이지만, 그가 주창한 7가지 습관은 시부사와가《논어와 주판》에서 강조한 근면과 맞닿아 있는 점이 많습니다. 그래서 좀 더 상세히 소개하겠습니다.

첫 번째 습관, '자신의 삶을 주도하라'입니다. "인생은 B와 D 사이의 C다"라는 말이 있습니다. '버스Birth의 B, 즉 탄생과 '데스Death'의 D, 즉 죽음 사이의 초이스Choice의 C, 즉 선택이라는 것이지요. 인생은 선택의 연속입니다. 코비의 생각도 이와 비슷합니다. 우리에게 일어나는 일, 즉 '자극stimulus'과 우리의 대응, 즉 '반응response' 사이에는 선택할 수 있는 '자유freedom to choose'가 있다고 했습니다. 그렇기에 자기 삶을 보다 주도적으로 살 수 있는 것이지요. 작은 결심을 하고 이를 지켜봅니다. 심판하지 말고 안내자가 되어봅니다. 비판가가 되지 말고 본보기가 되어봅니다. 문젯거리가 되지 말고 해결사가 되어봅니다. 이를 결혼 생활, 직장 생활에 적용해서 30일만 시험해보라고 코비는 말합니다.

두 번째 습관, '끝을 생각하며 시작하라'입니다. 잠시 여러분의 장례식 모습을 그려봅시다. 가족, 친구, 직장 동료, 그리고 봉사하기 위해 몸담았던 종교 기관이나 지역사회 단체에서 온 사람들이 추도문을 낭독하겠죠. 그들이 여러분을 어떤 사람으로 기억하길 원하나요? 이를 염두에 두고 자신만의 사명문을 만들어봅니다. "가정과 직장 모두 나에게 중요하기 때문에 나는 이 2가지 임무 사이의 균형을 유지할 수 있도록 노력하겠다"가 첫 문장이라면 그 뒤에는 이를 달성하기 위한 구체적인 내용이 기술되겠죠.

세 번째 습관, '소중한 것을 먼저 하라'입니다. 이제 삶의 기준이 될 시간 관리 매트릭스를 만들어봅시다. X 축에는 긴급함과 긴급하지 않음을, Y 축에는 중요함과 중요하지 않음을 씁니다. 이를 '2바이by2 매트릭스'라고 합니다. 누구나 긴급하고 중요한 일을 먼저 하고 중요하지 않은 일을 나중에 할 거라고 생각하겠지만, 우선순위를 정해놓지 않으면 쉬운 일부터 손이 가는 게 인간의 본능입니다. 성공과 실패의 차이는 중요하나 긴급하지 않은 일에 어느 정도 우선순위를 두는가에 있습니다. 건강, 어학, 인생 비전 수립……. 다들 중요하다는 것은 알지만, 다른 일에 치여서 시간을 내지 못합니다. 이러면 성공할 수 없습니다. 긴급한 일에 대해선 "죄송하지만 못 하겠다"며 거절할 줄 알아야 합니다.

다음의 3가지 습관은 대인관계와 관련된 내용입니다.

네 번째 습관, '윈윈win-win을 생각하라'입니다. 세상은 혼자 살아갈 수 없습니다. 주변 사람들의 좋은 평판, 좋은 인간관계는 핵심입니다. 이를 위해선 상대방에 대한 이해심, 사소한 일에 대한 관심, 약속이행, 언행일치, 진지한 사과가 필수입니다. 이를 기반으로 윈윈을 생각하고, 만약 윈윈이 힘들면 거래하지 않겠다는 원칙을 세우고 이행해야 합니다.

다섯 번째 습관, '먼저 이해하고 다음에 이해시켜라'입니다. 경청은 대인관계의 질을 가릅니다. 커뮤니케이션의 주요 수단은 읽기, 쓰기, 말하기, 그리고 듣기입니다. 우리는 태어나서 읽고 쓰는 법을 배우기 위해 오랜 시간을 보냅니다. 말하는 법에는 더 많은 시간을 할애합니다. 의무 교육 과정의 상당 부분이 말하기에 해당합니다. 각종 프레젠테이션 스킬도 일종의 말하기 스킬입니다. 그런데 듣는 법을 배워본 적 있나요? 그냥 듣는 것이 아니라 공감적 경청을 해야 합니다. 이는 상대방을 '이해'하려는 의도를 갖고 경청하는 것을 말합니다. 상대방의 관점을 통해 세상을 봐야 합니다.

여섯 번째 습관, '시너지를 내라'입니다. 시너지는 전체가 각 부분의 합보다 큰 경우입니다. 협동과 신뢰의 수준이 낮으면 방어적이 됩니다. 중간 정도면 상호존중하면서 타협점을 찾지요. 높은 수준에 이르면 시너지가 발생하면서 윈윈할 수 있습니다. 예를 들어볼까요. 휴가를 어떻게 보낼지를 놓고 부부의 의견이 갈립니다. 부인은 병든 어머니를 찾아가고 싶어 하고, 남편은 오랫동안 계획했던 낚시 여행을 가고 싶어 합니다. 비록 멋진 장소는 아니지만, 처가 근처에서 낚시한다면, 그래서 가족 간의 사랑이 더욱 굳건해진다면 이게 바로 시너지입니다.

마지막 일곱 번째 습관은 습관을 몸에 정착시키는 습관이라고 할 수 있습니다. 일곱 번째 습관, '끊임없이 쇄신하라'입니다. 산에서 열심히 나무를 베고 있는 사람을 만났습니다. 매우 지쳐 보입니다. 얼마나 일했냐고 물었더니 다섯 시간 넘게 나무를 베고 있었다고 합니다. 그럼 톱날이 무뎌졌겠죠. 잠시 시간을 내 톱날을 갈아보라고 권유합니다. 그랬더니 "내겐 톱날을 갈 시간이 없어요. 왜냐하면 톱질하는 것만으로도 너무 바쁘기 때문이지요"라는 답변이 돌아옵니다.

끊임없이 쇄신하라는 것은 재충전을 위해 톱날 가는 시간을 할애하라는 뜻입니다. 신체적 역량을 강화하기 위해 운동, 영양, 스트레스 관리를 제대로 해야 합니다. 지적으로는 독서도 충실히 해야 합니다. 영적으로는 몰입, 명상이 좋겠죠. 사회적으로 봉사 활동도 빠트리면 안 됩니다. 이 4가지 요소가 뒷받침되어야 앞의 6가지 습관이 잘 자리 잡습니다.

코비는 삶의 속도를 크레센도crescendo에 맞추라고 했습니다. 크레센도는 더 강하고 더 큰소리로 힘차게 연주하라는 의미

입니다. 반대말은 '점점 약하게'라는 뜻의 디미누엔도diminuendo
입니다. 뒤로 물러나고, 안정적으로 연주하고, 수동적이 되고, 삶
의 무대에서 퇴장하는 것이지요. 크레센도처럼 살라는 말이, 저
에게는 죽을 때까지 현역으로 살라는 말처럼 들립니다. 90 평생
현역으로 살았던 시부사와처럼 말이죠.

오쿠라, 모노즈쿠리와 오모테나시

6번 인물은 오쿠라 기하치로大倉喜八郎입니다. 오쿠라는 우리나라
와 꽤 연관 있습니다. 선린인터넷고(구 선린상고)를 세운 사람이
바로 오쿠라입니다. 참고로 '선린善隣'은 '한일우호선린韓日友好善
隣'의 줄임말로, 이토 히로부미가 정해준 이름입니다. 역사의 아
이러니죠? 덕수궁 석조전도 오쿠라 그룹의 건설회사가 지었습
니다. 우리나라 유물을 1000점 이상 일본으로 밀반입한 것으로
악명 높은 오쿠라 컬렉션의 주인공이기도 합니다.

오쿠라는 1837년생으로 시부사와보다 세 살 많습니다. 당
초 건어물 판매상으로 활동하다가 요코하마에 출현한 흑선을 보
고 미래의 먹거리는 총포라고 확신하게 됩니다. 그래서 1867년
총포상을 차리지요. 불량품을 고가에 파는 악덕 상인이 수두룩
하던 시절에 오쿠라는 빠른 납기, 저렴한 가격을 기반으로 신용

을 쌓습니다. 덕분에 1868년에는 신정부로부터 병기와 부대장비를 납품하라는 명령을 받을 정도로 성장하지요. 미쓰비시가 그랬듯이 오쿠라도 1874년 대만 파병으로 엄청난 돈을 법니다. 이후 세이난 전쟁, 청일전쟁, 러일전쟁 등 전쟁 때마다 군사 장비를 납품해 부를 쌓습니다.

미래 먹거리로 총포상만 차린 건 아닙니다. 서양 문물이 물밀듯 들어오는 것을 보면서 양복이 대세가 될 것임을 확신하죠. 이런 생각을 바탕으로 1870년대 일본 최초로 양복점을 엽니다. 앞서 본 그의 사진에서도 세련미가 풍기지 않습니까? 멋쟁이 시부사와도 양복에 관심이 많았습니다. 양복을 매개로 두 사람은 친분을 쌓게 됩니다. 이 우정은 50년간 지속됩니다.

1890년, 시부사와와 오쿠라는 일본 최초의 서양식 호텔인 제국호텔을 세웁니다. 이 호텔은 1964년 도쿄올림픽을 개최할 무렵 오쿠라호텔, 뉴오타니와 더불어 일본 3대 호텔로 불립니다. 셋 중 맏형뻘이기에 그 위상이 남달랐다고 합니다.

일본 기업의 경쟁력을 이야기할 때 빠지지 않고 등장하는 표현이 있습니다. 바로 제조업은 '모노즈쿠리物造り', 서비스업은 '오모테나시おもてなし'입니다. 모노즈쿠리는 '혼신의 힘을 쏟아 최고의 제품을 만드는 장인 정신으로 일한다'는 의미죠. 대기업 부장으로 일하다가도 부친이 돌아가신 뒤 시골에 내려가 가업을 상속하는 일본만의 문화도 장인 정신에서 비롯된 것입니다.

오모테나시는 '정성을 다해 손님을 성심성의껏 환대한다' 는 의미입니다. 제국호텔은 한때 오모테나시의 대명사로 불렸습니다. 일례로 방에서 나온 종이 쓰레기를 하루 정도 보관했다가 치우는 것으로 유명합니다. 혹시 손님이 중요한 서류나 영수증을 실수로 버릴 수도 있으니 이를 배려한 것이지요.

운을 부르는 남자, 후루가와 이치베

7번 사진은 후루가와 이치베古河市兵衛입니다. 흔히 '운둔근運鈍根' 의 대명사라 불리는 인물입니다. '운둔근'은 일본에서만 쓰이는 한자어입니다. 운이 좋고好運, 우직하며愚直, 끈기 있음根気을 의미합니다. 이 단어는 운運과 둔근鈍根을 나누어 해석해야 합니다.

사람은 능력이 있다고 성공하는 게 아니다. 운運을 잘 타야 하는 법이다. 그러나 운을 잘 타려면 운이 오기를 기다리는 둔鈍한 맛이 있어야 한다. 운이 트일 때까지 버려내는 끈기와 근성根性이 있어야 한다.

불운不運을 둔鈍함과 끈기根를 바탕으로 좋은 운好運으로 바꾸는 것이 운둔근의 핵심입니다. 인디언이 기우제를 지내면 반드시 비가 온다는 말이 있습니다. 왜일까요? 비가 올 때까지 기우제를 지내기 때문입니다. 결국 성공할 때까지 시도하는 것이 중요합니다. 변화가 두려워 아무것도 하지 않는 것은 최악입니다. 되건 안 되건 무언가를 시도해봐야 합니다.

일본에서는 '운둔근'의 화신으로 후루가와를 듭니다. 1832년 교토에서 태어난 그는 점포 심부름꾼을 시작으로 안 해본 일이 없습니다. 그러다가 두부판을 짊어지고 행상을 다니던 어느 날, 갑자기 두부판을 때려 엎고 "나도 분발해 출세해야겠다"고 맹세합니다. 그러곤 항상 "운이 있어야 하고, 운을 잘 붙들어야 하고, 붙는 운을 잘 지켜야 한다"고 중얼거렸다고 합니다.

근면과 성실을 통해 차츰 성장하던 그는 1857년 오노의 전문경영인의 눈에 띄어 양자가 됩니다. 양부의 성이 후루가와였습니다. 그래서 이때부터 '후루가와 이치베'라는 이름을 쓰게 됩니다. 그는 양부와 함께 오노를 위해 열심히 일했습니다.

서양 문물이 본격적으로 들어오면서 비즈니스 모델도 과감히 바꿔야 하는데 오노는 그렇지 못해 1874년 도산합니다. 앞에서 소개한 대로 제일국립은행은 오노의 자본으로 설립된 회사입니다. 제일국립은행은 담보도 잡지 않고 오노에 거액의 대출을 내어줍니다. 오노가 망하면 제일국립은행도 망할 수밖에 없는 상황이었지요. 이때 후루가와는 오노의 도산이 제일국립은행에 영향을 미치지 않도록 최선을 다해 노력합니다. 미곡을 포함한 자신의 개인 재산을 있는 대로 제일국립은행에 내주고, 알아서 처리하라고 했습니다. 이러한 행동에 시부사와는 "이렇게 용기 있는 남자는 처음 본다"며 감탄했습니다.

다행히도 제일국립은행은 살아남았습니다. 1875년 후루가와가 광산 관련 회사를 설립할 때, 시부사와는 자금을 대줍니다. 은둔군의 화신이라는 말답게 후루가와가 개발한 광산에서 거대한 광맥이 발견됩니다. 그렇게 파산에서 벗어나 다시 '운 좋게' 재벌의 반열에 오르게 되지요. 늘 "운둔근"이라고 중얼거린 것이 효험을 봤는지도 모르겠습니다.

마쓰시타 고노스케도 운을 강조했습니다. 누군가가 마쓰시타에게 일류 경영자의 조건을 물은 적 있습니다. 그는 뜻밖에도 "강한 운을 지니고 있어야 합니다"라고 말했습니다. 질문한 사람은 당황했지요. 조직 장악력, 리더십 뭐 이런 이야기가 나올 줄 알았거든요. 그렇다고 경영의 신이 한 얘기를 함부로 무시할 순 없었습니다. 다시 "강한 운을 지니려면 무엇을 해야 합니까"라고 물었습니다. 그러자 마쓰시타는 "덕을 쌓아야 합니다"라고 답변했답니다. 행운은 그저 주어지는 것이 아니라 묵묵하게, 끈기를 갖고 선善을 축적해야 다가온다는 것이 경영의 신이 가진 철학이었던 것이지요.

삼성그룹 이병철 회장도 생전에 이 단어에 호감을 보였습니다. 이병철 회장의 어록을 모은 《호암어록》을 보면, 1972년 다음과 같은 말을 했다고 합니다.

자고로 성공에는 3가지 요체가 있다. 운運, 둔鈍, 근根이 그것이다. 사람은 능력 하나만으로 성공하는 게 아니다. 운을 잘 타야 하는 법이다. 때를 잘 만나야 하고, 사람을 잘 만나야 한다. 그러나 운을 잘 타려면 역시 운이 다가오기를 기다리는 일종의 둔한 맛이 있어야 한다. 운이 트일 때까지 버텨내는 끈기와 근성이 있어야 한다.

여러분은 현재 어떤 삶을 살고 있나요? 운을 만들고 있나요? 혹시 둔과 근의 시간을 참고 견디고 있나요? 시부사와가 대중을 대상으로 연설했을 때의 이야기입니다. 그는 "무슨 일을 하더라도 반드시 흥미를 가지라는 말이 최근 유행하고 있습니다. 그렇다면 '흥미'란 무엇일까요?"라며 강연의 물꼬를 텄습니다. 100년 전에 이런 말을 했다는 자체가 흥미롭습니다. 그는 이렇게 말을 이었습니다. "저는 흥미라는 단어가 때로는 이상처럼 들리기도 하고, 때로는 욕망처럼 들리기도 하고 때로는 취미를 즐긴다는 뜻처럼 들리기도 합니다. 그런데 흥미를 갖고 직무를 처리한다면 그것은 전혀 다른 의미가 됩니다. 바로 마음에서 우러나오는 그 무엇인가에 이끌려 일을 하고 있다는 뜻이 되지요. 이렇게 흥미가 돋아 일을 하면 그 일을 하는 사람 스스로가 어떻게 하면 좋을까 저렇게 하면 좋을까, 이렇게 하면 결과는 어떻게 될까 등등 이런저런 궁리를 능동적으로 하기 마련이지요." 한마디로 말해 일을 즐기란 이야기입니다. '알기만 하는 사람은 좋아하는 사람만 못하고, 좋아하는 사람은 즐기는 사람만 못하다'는 《논어》의 구절이 떠오릅니다.

즐기는 일을 하면서 살 수 있다면 최고의 인생일 겁니다. 절대로 대충 살지 않겠죠. 즐거운 마음으로 열심히 살기 위해 노력하게 됩니다. 그렇지만 저를 비롯해 많은 사람이 그렇게 살지 못하고 있는 게 사실입니다. 그럴 때 할 수 있는 게 무엇일까요? '미래의 나는 어떤 일을 하면서 살면 신나고 행복할까?'를 정하는 겁니다. 그리고 '미래의 내'가 그런 일을 할 수 있도록 '현재의 내'가 고생을 좀 더 하는 거죠. 그렇더라도 이 고생은 의미 없는 게 아닙니다. '미래의 내'가 보상을 받을 테니까요. 그렇다면 지금의 고생이 조금은 위안이 되겠죠. 둔과 근의 마음으로 운을 기다리는 겁니다.

여러분은 회사 일이 즐거우신가요? 저는 1996년 8월에 그런 주제로 광고를 찍은 적이 있습니다. 제가 CJ ENM(당시에는 제일제당 멀티미디어 사업부)에 근무할 때인데요, 지금도 광고 대사가 기억납니다. "저는 회사에 오면 신바람이 납니다. 왜냐하면 하고 싶은 일을 마음껏 할 수 있으니까요. 하고 싶은 일을 할 때 남다른 것이 만들어집니다." 제가 이렇게 말하면 성우가 "일하는 곳이 즐거운 곳. 제일제당"이라고 말하는 광고였지요. 그땐 정말 신나게 일했습니다. 리더가 사업을 잘 이해하고 있었고, 주변의 외압을 다 막아주었거든요. 충분히 업무에 몰입해서 일할 수 있는 환경이 조성되었습니다.

몰입해야 신납니다. 우리는 가끔 의지력에 기대지 않고서도 오랜 시간 동안 엄청난 노력을 투자합니다. 미하이 칙센트미하이Mihaly Csikszentmihalyi는 이를 '몰입flow'이라고 했습니다. 몰입을 경험한 사람들은 그것을 "너무 깊게 애쓰지 않고 집중하다가 시간이나 자신이나 문제에 대한 감각을 잃은 상태"라고 설명합니다. 그 상태에서 느끼는 쾌락과 즐거움에 대한 묘사가 너무나 매력적이기에 이를 '최상의 경험optimal experience'이라고 부릅니다.

칙센트미하이는 몰입을 행복과 연결해 설명합니다. "행복은 돈이나 권력으로 얻을 수 있는 것이 아닙니다. 행복은 의식적으로 찾는다고 해서 얻어지는 것도 아니지요. 철학자 존 스튜어트 밀John Stuart Mill은 '너 스스로에게 지금 행복하냐고 물어보는 순간, 행복은 달아난다'라고 말했습니다. 행복은 직접적으로 찾을 때가 아니라 좋든 싫든 간에 우리 인생의 순간순간에 충분히 몰입하고 있을 때 옵니다."

그러면서 몰입을 다음과 같이 설명합니다. "자신의 업무 역량이 높다 낮다를 X축에, 주어진 과제의 수준이 높다 낮다를

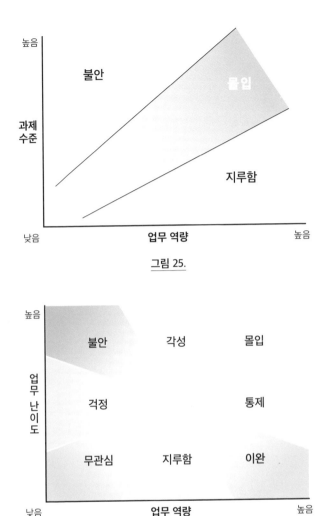

그림 25.

그림 26.

과제 수준이 너무 높고, 업무 역량이 낮으면 불안해지고, 과제 수준이 낮고 업무 역량이 높으면 지루해진다. 도전 과제와 업무 역량이 모두 일정 수준 이상 높아야 몰입할 수 있다.

Y축에 놓고 그래프를 그립니다. 그러면 다음과 같이 그려지죠. 업무 역량에 비해 과제의 수준이 낮으면 지루합니다. 반대면 불안하죠. 업무 역량이 높은데 마침 높은 수준의 과제가 주어졌을 때, 사람들은 몰입합니다(그림 25 참조)."

이를 좀 더 정교하게 그리면 그림 26과 같습니다. 교육학자, 조직이론가들은 학생(또는 부하 직원)들에게 그들의 실력보다 조금 더 어려운 수준의 과제를 주면 각성arousal 상태에서 과제를 해결하기 위해 노력하게 된다고 말합니다. 간혹 과제를 해결하지 못하는 경우도 있지만, 그 과정 자체만으로도 성장하게 됩니다.

누구에게나 배울 점이 있다

일본의 주요 재벌들은 직간접적으로 시부사와와 연결되어 있습니다. 당시 재벌 오너들은 기업의 특성만큼이나 뚜렷한 자신만의 경영 철학을 가지고 있었고, 이 때문에 시부사와와 협력하거나 경쟁했습니다. 제가 주목하는 점은 이들의 성공 비결이 하나가 아니라는 것입니다. 이들은 극기, 부지런함, 기다림 등등 각기 다른 다양한 방법으로 성공을 거뒀습니다. 이들의 모든 면이 뛰어난 것도 아닙니다. 반면교사로 삼아야 할 점도 당연히 있습니다.

책을 읽는 이유 중 하나는 간접경험을 하기 위해서입니다. 우리가 시부사와를 직접 만날 순 없습니다. 하지만 자료를 통해 그가 어떤 사람인지는 알 수 있습니다. 그가 어떤 사람인지 공부함으로써 더 나은 내가 되기 위한 힌트를 얻을 수 있습니다. 이번 장에서는 일본의 8대 재벌을 소개했습니다. 그들의 삶을 살펴보면서 여러분이 더 많은 지혜를 얻기 바랐기 때문입니다.

'삼인행필유아사三人行必有我師'란 문장이 떠오릅니다. 세 사람이 길을 가면 반드시 스승으로 받들 만한 사람이 있다는 뜻입니다.《논어》〈술이述而〉편 속 공자의 말씀이죠. 뒤에는 이런 내용이 이어집니다 "이들의 좋은 점은 본받고, 나쁜 점은 고친다." 즉 좋은 행동이나 지혜는 본받고, 부적절한 행동은 스스로 반성하고 개선하는 계기로 삼아야 한다는 교훈을 전합니다. 책에서, 아니면 생활에서 여러 사람들과의 상호작용을 통해 계속 배우고 성장하길 바랍니다.

시부사와는 모든 재벌이 함께 일하고 싶어 한 사람이었습니다. 근대적 기업이 없던 일본에서 500개의 기업을 설립했다는 것만으로도 그의 역량은 충분히 증명됩니다. 마음만 먹었다면 앞에 소개한 재벌 오너들처럼 될 수도 있었을 겁니다. 그러나 그는 그러지 않고 관심을 다른 곳으로 돌립니다. 바로 사회공헌입니다.

7장.

600개의
사회공헌
사업을 하다

깨끗한 부자란 꿈

시부사와는 평생 600개가 넘는 사회공헌기관을 설립합니다. 일본 자본주의의 아버지라고 불리지만 기업보다 사회공헌기관을 더 많이 세운 것이죠. 물론 시부사와 혼자 한 것이 아니라 여러 사람과 함께 진행했습니다. .

사회공헌에는 다양한 분야가 있습니다. 백년지대계百年之大計로 불리는 교육 기관부터 살펴볼까요?

시부사와는 1875년 상법강습소商法講習所 설립에 참여합니다. 이곳은 일본 최고의 상학부를 자랑하는 히도쓰바시대학의 원형이 되었습니다. 시부사와와 함께 상법강습소 설립을 주도적으로 기획한 사람은 모리 아리나리森有礼입니다.

1847년 사쓰마에서 태어난 모리는 열여덟 살 때, 영국으로 밀항해 사쓰마 제1호 영국 유학생이란 칭호를 얻습니다. 런던에서 '조슈 5걸'을 만나기도 합니다. 여기서 '조슈 5걸'이란 1863

그림 27. 도쿄 주오구에 가면 상법강습소의 위치를 표시한 표지석을 만날 수 있다

년 조슈번에서 유학을 보낸 장래가 창창한 청년 5명을 일컫습니다. 이토 히로부미도 그중 한 사람입니다. 이 만남을 통해 탄탄한 인맥을 갖게 된 모리는 1869년 22세 나이에 귀국해 고위 공직자가 됩니다. 이때 유명한 일화가 있습니다. 당시 고위 공직자의 월급은 200엔 정도였습니다. 그런데 모리는 "너무 많다. 30엔이면 충분하다"며 월급을 줄여달라고 청원했습니다.

　이후 대리공사로 미국에서 근무하면서 미국 지식인들과 일본 교육의 미래에 대해 의견을 교류합니다. 1873년 귀국한 뒤 후쿠자와 유키치 등과 메이로쿠샤明六社(메이지6년회)라는 학술

단체를 결성합니다. 이 해가 메이지 6년이어서 이런 이름을 지었다고 합니다. 후쿠자와는 이 책의 초반부 《학문의 권장》의 저자라고 소개한 바 있습니다. '학문을 권장해야 한다'고 주장하는 사람과 미국에서 '일본의 교육은 어떻게 나아가야 되는가'를 고민한 사람이 만난 것이지요. 두 사람은 지금의 MBA에 해당하는 상법강습소를 만들기로 합니다.

시작은 쉽지 않았습니다. 학교를 지으려면 돈이 필요합니다. 당시 정권의 실권자는 이와쿠라 도모미였습니다. 모리는 그의 소개로 시부사와를 만납니다. 시부사와는 당시 상공회의소 리더를 맡고 있었습니다. 그는 상공회의소에서 돈을 빌려주는 형식으로 학교를 지원했고, 자신은 기금 관리 담당을 맡았습니다.

그러나 두 사람이 처음부터 의견이 맞았던 건 아닙니다. 오히려 의견이 맞지 않아 힘들었다고 합니다. 모리는 외국인을 교장으로 영입하려고 했지만 시부사와는 난색을 표했습니다. 그래서 시부사와는 학교 설립에 깊이 관여하는 것을 꺼리게 되었습니다. 모리는 급한 대로 사립 형태로 학교 문을 열었습니다. 그런데 개교하자마자 청나라 공사로 발령납니다. "학교가 꼭 필요해"라고 목이 터져라 외쳤던 사람이 자리를 비우게 되니 당연히 학교는 표류할 수밖에 없었지요. 이때 구원투수로 등장한 것이 시부사와입니다.

시부사와가 상학의 필요성을 몰랐던 것은 아닙니다. 다만 외국인에게 교장을 맡기는 것이 싫었다고 합니다. 어찌 됐든 시부사와에게 수습하는 역할이 떨어집니다. 모리가 떠나자마자 "상업을 왜 가르쳐야 하는가?", "기본적인 셈을 하고 글자를 읽을 수 있으면 되는 것 아닌가?", "왜 이렇게 사례 연구 수업이 많으며 영어는 왜 배워야 하는가?" 하는 의견들이 빗발쳤습니다. 도쿄 소속 의원들은 상법강습소의 예산을 전액 삭감하고 학교를 폐쇄하자는 결의까지 준비했습니다. 시부사와는 부랴부랴 학교를 농상무성 산하, 즉 국립 형태로 바꿉니다. 이후 다시 문부성(교육부) 소속으로 옮겨집니다. 만약 시부사와가 적절한 조치를 하지 않았다면, 일본 최초의 MBA는 그렇게 역사 뒤로 사라졌을지도 모릅니다.

한편, 1887년 당시 총리였던 이토는 여성 교육의 중요성을 강조합니다. 여성에 대한 차별이 심했던 시절입니다. 그러나 교육자들은 여성의 역할에 주목합니다. 시부사와도 같은 생각이었습니다. 유력인사들이 모여 '여자교육장려회'를 출범시킵니다. 시부사와와 미쓰비시는 주식을 사는 방식으로 돈을 대기로 합니다. 미쓰비시 2대 사장인 이와사키 야노스케가 15주를, 시부사와가 12주를 사면서 큰돈을 내놓습니다. 그렇게 모인 자금으로 1888년 도쿄여학관東京女学館이 설립됩니다.

도쿄여학관이 여성 중고등 교육기관이라면 여자 대학교도

그림 28. 도쿄여학관 초창기 교사, 학생 들의 모습

필요했겠지요. 그래서 1901년 일본여자대학日本女子大学이 탄생합니다. 일본여자대학의 창립자는 나루세 진조成瀬仁蔵입니다. 기독교 목사이자 교육가인 그는 1896년 오쿠마 시게노부의 소개로 시부사와를 만납니다. 오쿠마 시게노부, 기억하시나요? 설득 대마왕으로 사표를 제출하려던 시부사와와 대화를 나눴던 사람이죠. 오쿠마는 이미 1882년 와세다대학을 만든 바 있었습니다. 시부사와는 히도쓰바시대학의 설립과 운영에 관여하고 있을 때였습니다. 도쿄여학관 설립에도 큰 역할을 하고 있었지요. 시부사와 역시 여자 대학의 필요성을 절감하고 있었습니다. 그래서 나루세와 함께 창립위원이 되어 대략 2,500엔(현재 가치로 1,000

만 엔)을 기부합니다.

이와 관련된 재미있는 에피소드가 있습니다. 개교 후 첫 운동회를 시부사와 자신의 집 마당에서 했답니다. 물론 그만큼 집이 크기도 했지만, 어쨌든 대단합니다. 1931년 4월 91세 나이로 3대 교장을 맡기도 했지요. 그만큼 교육 사업에 열정이 있다는 뜻이겠지요.

요람에서 무덤까지

1872년 도쿄에 노숙인, 고아, 가난한 병자 등을 구제할 목적으로 양육원養育院이 설립됩니다. 시부사와는 양육원의 원장직을 맡으면서 60년간 이 조직을 위해 봉사했습니다. 1872년부터 60년 동안이라면 1931년까지입니다. 1931년은 그가 사망한 해이니 죽을 때까지 봉사한 셈입니다.

시부사와는 기업과 관련된 일에서는 70세에 손을 뗐습니다. 그러나 사회공헌과 관련된 부문에선 죽을 때까지 봉사했습니다. 피터 드러커가 "기업의 사회적 책무가 무엇인지 가장 먼저 깨우친 사람"이라고 그를 칭송한 것은 바로 이 때문입니다.

시부사와는 어린아이, 장기 요양자를 위해 분원을 만들었습니다. 감화感化가 필요한 소년을 위해 학교도 세웠고요. 이처

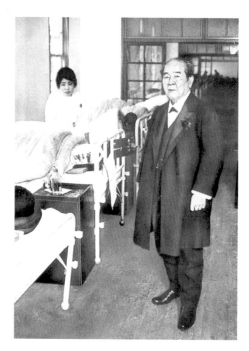

그림 29. 양육원

의료시설인 양육원을 방문한 시부사와 에이이치. 시부사와는 의료시설, 교육기관, 교육시설 등 평생 600곳이 넘는 사회공헌시설을 세웠다.

럼 필요하다고 생각하면 지체하지 않고 행동에 옮겼습니다. 양육원은 오늘날 '도쿄도 고령장수의료센터'로 이름을 바꿔 그 명맥을 유지하고 있습니다.

이뿐 아닙니다. 1877년 일본 최후의 내전인 세이난 전쟁이 발발했습니다. 내전이다 보니 적군도 일본인, 아군도 일본인입니다. 적십자 정신은 이럴 때 빛을 발하지요. 앙리 뒤낭**Henri Dunant**은 1859년 이탈리아 솔페리노 전투에서 치료를 받지 못한 채 방치된 부상병들을 돌본 사람으로 유명합니다. 이후 그는 국적과 인종, 종교와 상관없이 부상병을 구호하는 단체를 설립하고 국제적 협약을 체결할 것을 제안합니다. 이러한 공로로 1901년 노벨평화상을 수상합니다. 1919년 그의 이상을 이어받아 국제적십자연맹이 창설됩니다. 일본에도 앙리 뒤낭 같은 인물이 있었으니, 바로 사노 쓰네타미佐野常民입니다. 그도 앙리 뒤낭과 같은 생각으로 1877년 박애사博愛社를 설립합니다. 이 기관은 10년 후인 1887년 일본적십자사로 이름을 바꿉니다. 시부사와는 박애사를 설립할 때부터 관여합니다.

또한 내무대신 및 내무관료와 함께 1919년 노동문제를 전문적으로 다루는 관민합동조직 협조회協調會를 설립합니다. 제1차 세계대전 후 노동운동이 전 세계적으로 격화되면서 일본에서도 이런 흐름이 나타났습니다. 그런 시류에 따른 것이지요.

협조회의 첫 번째 업무는 노동쟁의 조정이었습니다. 두 번째는 노동 행정에 관해 정부에 건의하는 것이었지요. 세 번째는 노동자 학교 경영이었습니다. 즉, 노동자에게도 공부할 기회를 제공했습니다. 네 번째는 노동문제에 관한 잡지와 자료 발행, 강습회 및 강연회 개최, 조사 활동입니다. 요즘으로 치면 인터넷 홈페이지를 만들고, 커뮤니티를 조직하는 활동이라고 할 수 있습니다. 시부사와는 부회장으로서 적극적으로 활동했습니다.

시부사와는 1916년 77세가 되면서 제일국립은행에서 맡고 있던 마지막 직책마저 내려놓습니다. 기업 분야에선 완전히 손을 턴 것이죠. 이제 자유인이 된 걸까요? 손주를 돌보며 행복하게 여생을 보냈을까요? 그렇지 않았습니다. 스스로 '노후의 3사업'이라며 '경제와 도덕의 일치' '세민(영세민) 구휼 수단의 통일(일원화)', '자본과 노동의 조화'를 꼽았습니다. 죽을 때까지 이 일에 전념하겠다는 것이었죠. 그리고 앞에서 살펴본 것처럼 평생 이 3가지 일에 헌신하다가 죽습니다.

노후의 3가지 사업 외에 시부사와가 일본 사회에 미친 영향을 몇 가지 더 소개하겠습니다.

시부사와는 프랑스 유학 시절 계획도시로 탈바꿈한 파리의 모습에 감탄했습니다. 특히 개선문을 중심으로 사통팔달 길이 뻗어 있는 파리의 질서정연한 모습이 부러웠습니다. 기회가 된다면 일본에서도 이런 도시를 만들고 싶어 했습니다. 특히 일본 중산층이 도심과는 조금 떨어진 곳에서 자연을 벗 삼아 일상생활을 누릴 수 있도록 하는 것이 목표였습니다.

그래서 훗날 도쿄 도심과 조금 떨어져 있는 덴엔조후 지역을 점찍고 개발을 담당하는 덴엔조후주식회사田園調布株式會社를 만듭니다. 이 회사는 훗날 도큐전철東急電鉄, 도큐부동산東急不動産으로 발전합니다. 1918년 구상해서 1923년 주택 분양이 시작

그림 30. 일본 최초의 근대적 계획 도시 덴엔조후의 과거(왼쪽)와 현재(오른쪽)

됩니다. 현재 이 지역은 고급 주택이 밀집한 교외 도시가 되었습
니다.

노벨평화상 후보에 오르다

시부사와는 기업인으로서, 사회사업가로서 평생 동분서주하며
보냈습니다. 그러면서도 외국의 저명한 학자, 정치가 등과 다양
한 모임을 가졌지요. 민간 외교의 일익을 담당했다는 표현이 전
혀 어색하지 않을 정도입니다.

　　그런 노력 때문일까요? 흥미롭게도 말년에 노벨평화상 후
보에 오르기도 합니다. 기업을 잘 운영했다고 노벨평화상 후보에
오를 리 없습니다. 어떤 점이 높이 평가받아 노벨평화상 후보에

오른 걸까요?

노벨상 후보 관련 서류는 50년이 지나면 외부에 공개됩니다. 시부사와가 노벨평화상 후보에 오른 해는 1926년입니다. 그 시절 정보가 모두 공개되었으니, 그 내용을 살펴볼까요?

1926년 노벨평화상 후보는 33명이었습니다. 수상위원회는 이들에 대한 공적 기술서를 작성합니다. 시부사와의 공적 기술서를 작성한 사람은 랑발드 모에Ragnvald Moe입니다. 노벨위원회 서기로 근무하다가 1928년부터 노벨연구소 소장으로 일한 인물입니다.

모에는 시부사와의 성장 과정부터 상세히 기술했습니다. 사회공헌기관을 많이 세웠다는 말도 빼놓지 않았죠. 1902년부터 미국을 방문해서 미국과 일본의 우호 증진을 위해 24년째 (1926년 기준) 노력하고 있음을 강조했습니다. 1908년 미국 태평양 연안의 상업회의소 대표를 일본으로 초청한 일, 1909년에는 거꾸로 일본인 60명을 데리고 미국을 방문한 일 등을 예로 들었습니다. 1915년 미국을 방문했을 때는 샌프란시스코 상업회의소에 '일본관계위원회'를 만들었다고 하네요.

여기서 잠시, 시대적 배경을 따져봐야 합니다. 시부사와가 노벨평화상 후보로 오른 1926년은 제1차 세계대전 후 일본이 아시아의 패권국가로 떠오르던 시절입니다. 유럽이 세계대전의 후유증에 시달리고 있을 때, 일본의 국제적 영향력은 날로 커지고 있었지요. 이런 상황에서 시부사와는 특히 미국과 일본의 우호 증진에 중요한 역할을 했습니다.

그러나 그의 활동에도 불구하고 제1차 세계대전 이후 일본과 미국의 관계는 꼬여만 갑니다. 이를 두고 볼 수 없었던 시부사와는 샌프란시스코 상공인들을 일본으로 초청하고, 국가가 풀기 어려운 문제를 해결하기 위해 상공인들이라도 머리를 모아보자고 했습니다. 그러나 그의 여러 시도는 일본 정부에 받아들여지지 않았습니다. 마침 1924년 미국에서 신이민법이 발효됩니다. 신이민법은 서유럽 국가를 제외한 국가의 이민을 원천적으로 거부한다는 내용을 담고 있습니다. 일본과 미국의 관계는 급속도로 냉각됩니다. 시부사와는 어떻게 했을까요? 문제가 생기면 포기하기보다는 극복하려는 게 시부사와의 스타일입니다.

시부사와는 1927년 '파란 눈 인형' 프로젝트를 시작합니다. 미국 어린이 모습을 한 인형을 만들어 일본 아이들에게 건네주고, 일본 어린이의 모습을 한 인형을 미국 아이들에게 건네주는 프로젝트입니다. 모에의 보고서에 '파란 눈 인형' 프로젝트까지 거론되지는 않은 듯합니다. 보고서의 내용을 검토한 일본 교수가 "매우 엄격하게 기술했다"고 표현했거든요. 상을 주기 위해 노력했다기보다 그냥 사실을 적시하는 수준에서 쓴 것입니다. 이런 이유로 그 교수는 "그래서 16명의 후보에는 올랐지만, 더 압축된 후보에는 오르지 못하고 탈락했을 것"이라고 추정했

그림 31. 파란 눈 인형 프로젝트

시부사와는 말년에 미국과 일본의 관계를 개선하는데 노력했다.

습니다.

시부사와의 역량에 문제가 있어서가 아니라 당시 세계 판도로 인해 노벨평화상을 수상하지 못한 것이라는 해석도 있습니다. 1927년까지 노벨평화상 수상자는 총 31명. 이 중 미국인은 대통령 2명을 포함해 모두 4명에 불과했습니다. 그러다가 제2차 세계대전 이후에 미국인 수상자 수가 급격히 늘어납니다. 특히 1969년 신설된 노벨경제학상은 2020년까지 총 86명이 수상했는데, 이 중 미국인이 57명입니다. 미국이 독주한 시대인 거죠. 시부사와가 후보로 거론되었을 무렵에 노벨상은 주로 유럽의 관점에서 수상자가 결정되었다고 볼 수 있습니다. 당시 유럽에서는 시부사와가 누군지 알지 못했습니다. 지명도가 낮은 점이 걸

림돌로 작용한 것이죠. 드러커가 시부사와를 위대한 기업인이
라고 칭송한 것도 일본이 신흥강자로 떠오른 1960년대 이후입
니다.

　시부사와가 활동하던 1900년대 초반에는 기업과 사회공
헌을 연결시키기가 쉽지 않았습니다. 물론 지금도 쉽지 않습니
다. 그래서 그는 기업 따로, 사회공헌기관 따로 설립했습니다. 그
러나 요즈음에는 사회에 기여하면서 돈도 버는 비즈니스 모델이
꽤 많습니다. 저는 시부사와를 연구하면서 아라빈드병원이 떠올
랐습니다. 시부사와가 만일 지금까지 살아 있었더라면 분명히
아라빈드 같은 기관을 만들었을 거라고 확신합니다.

　아라빈드병원은 1976년 인도 시골 마을에서 출발했습니
다. 공립 의료 시설에서 안과 의사로 일하다가 은퇴한 고빈다파
벤카타스와미Govindappa Venkataswamy 박사가 설립한 기관입니다.
인도 인구 중 1,000만 명 정도가 맹인으로 추정됩니다. 그런데
이 중 80%는 백내장 때문에 맹인이 되었다고 합니다. 백내장은
망막에 이상이 생겨 시야가 뿌옇게 흐려지는 병입니다. 우리나
라에서는 간단한 수술로 치료가 가능한 질병이지요. 그런데 인
도에서는 수술 비용이 엄두가 나지 않아 수술을 포기하는 경우
가 많다고 합니다. 벤카타스와미는 이런 현실을 개선하기 위해
병원을 세웁니다.

　모든 사회공헌단체가 가진 원초적인 문제는 결국 비용입

니다. 과거 삼성은 중국 오지에 사는 사람들이 백내장 수술을 받을 수 있도록 지원해준 적이 있습니다. 당시 어느 할아버지 환자가 와서 이렇게 말했습니다. "내 눈을 둘 다 수술해주지 말고 하나만 해주세요. 대신 우리 아내도 하나 부탁드리고 싶습니다." 결국 비용이 문제입니다.

아라빈드병원은 비용 문제를 어떻게 해결했을까요? 출범 당시 아라빈드병원에는 침상이 11개 있었습니다. 이 중 6개는 수술비를 지불할 수 없는 환자를 위해, 5개는 수술비를 지불할 수 있는 환자를 위해 사용하기로 했죠. 수술비를 낼 여력이 있는 사람의 돈으로 가난한 환자까지 치료하겠다는 모델을 만든 것입니다. 여력이 없는 환자를 더 배려했다는 점이 가슴에 와닿습니다.

훌륭한 사업가들이 많이 탄생하길 희망합니다. 그들의 멋진 사회공헌 덕분에 우리가 더 행복하게 살 수 있길 희망합니다.

8장.

《논어와 주판》에 담긴 자기경영론

시대를 넘어 사랑받는, 《논어와 주판》

시부사와는 70세가 되던 해인 1910년, 친구에게 화첩을 하나 선물 받습니다. 그림 32를 잠깐 볼까요. 먼저 《논어》라고 쓰인 책네 권이 눈에 들어옵니다. 주판도 하나 그려져 있습니다. 사무라이가 차는 칼과 행사 때 쓰는 서양식 높은 모자와 흰 장갑도 보입니다. 이 그림을 처음 봤을 때 '친구가 시부사와를 위해 그려준 것이구나' 하고 생각이 들었습니다.

존마게 머리를 한 20대 시부사와는 파리를 방문하고 서구 문명의 발전상을 자신의 눈으로 목격합니다. 그리고 그곳에서 우리로 치면 상투를 자르고, 서양 의복을 입기로 결심합니다. 단순히 겉모습만 바꾼 것이 아니라 자신의 사고방식 또한 철저히 혁신하고 서구 자본주의 제도를 적극적으로 공부합니다. 이후 짧지만 굵은 관료 생활을 마치고, 상업계에 투신해 500개의 회사, 600개의 사회공헌기관을 세웁니다. 이렇게 서구 자본주의의

그림 32. 시부사와가 선물로 받은 그림

논어, 주판, 칼, 서양식 모자가 보인다.

시각으로 일본을 개조하는 데 앞장섰지만, 근본적으로는 언제나 도덕을, 보다 정확하게는 《논어》의 마음가짐을 강조했습니다. 시부사와가 선물로 받은 그림은 바로 그의 한평생을 이끈 사상을 상징합니다.

　　시부사와의 지인 중에 미시마 키三島毅 도쿄대 교수가 있습니다. 1830년생으로 시부사와보다 열 살 많습니다. 미시마는 시부사와의 집에 들렀다가 이 그림을 보게 됩니다. 그는 "매우 흥미롭군. 나는 《논어》를 연구하는 사람이고, 자네는 주판을 쓰는 상업인인데, 주판을 튕기는 사람이 이렇게 《논어》와 주판의 관계를 완벽하게 설명하는 것을 보니, 《논어》를 연구하는 사람으로서 지금부터 주판을 열심히 연구해야겠다는 생각이 드는군. 가능하다면 자네와 함께 《논어》와 주판의 관계를 긴밀하게 결합시킬 수 있도록 노력해보고 싶네"라고 말합니다.

미시마는 의리합일론義利合一論을 주창한 학자로 유명합니다. 진정한 군자는 이익을 경멸하는 것이 아니라 의義에 따른 이익 획득 방법과 사용 방법을 알아야 한다는 것이 의리합일론의 주요 내용입니다. 시부사와와는 사상적으로 통하는 면이 있습니다.

시부사와가 청부론을 설파한 《논어와 주판》을 발간한 해는 1916년입니다. 그러나 그가 도덕과 경제가 함께 가야 한다고 생각한 것은 파리만국박람회 참관 때까지 거슬러 올라갑니다. 돈을 추구하지만, 정당한 부를 쌓아야 한다는 사상은 20대 시절에 이미 생겨난 것이지요. 이번 장에서는 시부사와 평생의 나침반이 된 '청부론'에 대해 소개하겠습니다.

"《논어》로 일생을 일관하겠다." 시부사와가 관직을 떠나면서 동료에게 했던 말입니다. 《논어》라는 책이 그만큼 가치 있다는 뜻이지요. 《논어》의 중요성을 강조한 사람은 시부사와 이전에도 많았습니다.

그림 33. 《논어와 주판》 초판(왼쪽)과 최근 판본(오른쪽)

《논어와 주판》은 지금까지 일본에서 사랑받고 있다.

《논어》의 고향인 중국부터 살펴보겠습니다. 조보趙普는 조광윤趙匡胤이 송나라를 건국하는 데 혁혁한 공을 세운 인물입니다. 뛰어난 장수였던 조보는 나라를 세우는 과정에 큰 역할을 합니다. 그 공을 인정받아 천하 통일 후 재상이라는 중책이 맡겨집니다. 시간이 흘러 조광윤이 사망하고 그의 동생 조광의趙匡義가 대권을 물려받습니다. 그러자 신하들이 앞다퉈 조보를 헐뜯습니다. "조보는 무공은 뛰어나지만, 태평성대에는 어울리지 않는 위인입니다. 평화로운 시대에는 그에 걸맞은 사람이 재상을 맡아야 합니다"라는 주장을 내세웠다고 합니다.

조광의는 조보를 불러 묻습니다 "내가 이런 이야기를 들었는데, 당신은 어떻게 생각하는가?" 그러자 조보는 "신이 평생에

아는 바는 진실로 《논어》를 넘지 못합니다. 전에 그 절반을 덜어
내 태조께서 천하를 평정하시는 데 보필했고, 이제는 그 나머지
반을 쏟아부어 폐하께서 태평성세를 이룩하시는 데 보필하고자
합니다"라고 답했습니다. 조광의는 끄덕이며 조보에게 계속 재
상 일을 맡겼다고 합니다. 조보는 이후에도 무탈하게 자신의 직
무를 수행합니다. 여기서 나온 고사성어가 '반부논어半部論語' 또
는 '반부논어치천하半部論語治天下'입니다.

　　이병철 삼성 회장 또한 《논어》를 강조했습니다. 이병철 회
장은 《논어》를 "인간 형성의 근원"이라고 말하며 "어려서부터
독서를 게을리하지 않았다. 소설에서 사서에 이르기까지 다독이
라기보다는 난독하는 편이었다. 가장 감명을 받은 책 혹은 좌우
에 두는 책을 들라면 《논어》라고 말할 수밖에 없다. 나라는 인간
을 형성하는 데 가장 큰 영향을 미친 책은 바로 《논어》다. 나의
생각이나 생활이 《논어》의 세계에서 벗어나지 못하더라도 오히
려 만족스러울 것이다"라고 역설합니다.

공자는 부자를 싫어하지 않았다

그런데 시부사와가 바라보는 《논어》는 조금 특이합니다. 그는
《논어》를 경제활동의 기본으로 삼아야 한다고 주장했습니다. 이

대목에서 고개가 갸우뚱해집니다. 《논어》는 선비(일본은 무사)의 학문이며 그 안에는 돈 이야기가 없지 않은가 하는 의문이 듭니다.

그러나 시부사와는 단호하게 이야기합니다. "공자는 단 한 번도 돈을 천하게 여긴 적이 없다. 《논어》에 주석을 단 후대 사람들이나 그의 추종자들이 잘못 해석한 것이다"라고요. 상당히 도발적인 주장입니다. 그의 지론은 이렇습니다.

> 공자, 맹자孟子의 유교는 중국에서 가장 존중 받으며 경학經學 혹은 실학實學으로 불리며 그 지평을 넓혀왔다. 이를 가장 철저하게 연구해 부흥시킨 인물이 바로 송나라 말기의 주자朱子다. 하지만 주자가 살았던 송나라는 정치가 부패하고 군사력이 쇠약해서 근본적으로 유학의 실증적인 부분이 현실에서 움트지 못했다. 단지 학문으로서 경학이 지나치게 발달하여 탁상공론이 되고 말았다.

요약하자면 '중국의 경학은 주자의 힘으로 크게 진흥했지만 실용적인 측면에서 발달하지 못했다'고 본 것입니다. 그는 공자가 돈을 어떻게 바라보았는지 조목조목 문장을 들어가며 이야기합니다.

부귀는 모든 사람이 바라는 것이지만 정당한 방법으로 얻은 것이 아니라면 부귀를 누리지 말아야 한다. 빈천은 모든 사람이 싫어하는 것이지만 정당한 방법으로 버리는 것이 아니라면 버리지 말아야 한다.

富與貴 是人之所欲也 不以其道得之 不處也 貧與賤 是人之所惡也 不以其道得之 不去也

— 《논어》〈이인里仁〉 편

시부사와는 '정당한 길로 부자와 출세의 삶에 이를 수 있다면, 기꺼이 그리로 가야 한다. 단, 정당하다는 전제는 확실히 해야 한다'고 봤습니다. 다른 문장도 하나 살펴보겠습니다.

부가 추구할 만한 것이라면 시장에서 문을 지키는 사람 노릇이라도 기꺼이 했을 것이다. 부가 추구할 만한 것이 아니라면 내가 좋아하는 것을 따르겠다.

富而可求也 雖執鞭之士 吾亦爲之 如不可求 從吾所好

— 《논어》〈술이〉 편

당시 시장에서 문을 지키는 일(채찍을 잡는 문지기)은 상당히 서열이 낮은 직업이었다고 합니다. 그럼에도 불구하고 시부사와는 '부가 추구할 만한 것, 즉 정당한 부라면 직업의 귀천에

상관없이 당연히 추구하겠다'고 해석했죠. 그가 주목한《논어》
〈태백〉편도 소개합니다.

> 국가가 제 갈 길을 가고 있는데도 가난하다면 부끄러워할
> 일이다. 국가가 제 갈 길을 완전히 잃어버렸는데도 재산을
> 모으고 떵떵거리며 산다면 그것 역시 부끄러운 일이다.
>
> 邦有道 貧且賤焉 恥也 邦無道 富且貴焉 恥也
>
> ─《논어》〈태백〉편

군이 시부사와의 해석이 필요 없습니다. 제대로 된 나라에
서는 부자가 정당한 것이고, 제대로 되지 않은 나라에서는 부자
가 불의라는 겁니다. 그래서 그는 "공자는 '정당한 부'에 한해 추
구할 만한 가치가 있는 것으로 보았다.《논어》에서 이를 여러 차
례 확인할 수 있다. 우리(일본)는 어떠한가? 메이지유신 이래 사
민평등四民平等 및 사적 이익을 위한 경제 행위가 활성화됐다. 하
지만 여전히 상인과 상업 활동을 부정적으로 평가하는 시선이
많다. 이는 유학의 근간이 되는 공자의 말을 오해하고 있기 때문
이다. 이러한 오해에서 빨리 벗어나야 한다. 그런데 한편으론 메
이지유신 이후 사농공상이라는 차별에서 해방된 경제인들이 약
육강식의 이윤 추구에 빠지고 있다. 이를 예방하기 위해서라도
우리(일본)는 '정당한 부'라는 새로운 도덕을 제시해야 한다"고

주장합니다.

당시 경제인들은 그의 말을 듣고 어떤 기분이 들었을까요? 당시 일본 상인에 대해 잠깐 이야기해보죠.

경영자란 누구인가

메이지유신 이후 일본에선 표면적으로 신분제가 철폐됩니다. 그러나 오랫동안 이어져온 신분제와 도쿠가와 막부 이래 무사의 지배 이념이 된 유교의 영향으로 사농공상은 여전히 공고한 힘을 발휘하고 있었습니다. 이에 따르면 천민을 제외하면 가장 미천한 신분이 상商, 즉 상인이었습니다.

가장 미천하다고 하지만 돈은 많습니다. 특히 일본은 도쿠가와 시대부터 여러 가지 이유로 상업이 발전했습니다. 당연히 다른 계층의 인식이 곱지 않았습니다. 게다가 위정자의 입장에서 보면 농민만으로는 사회를 유지할 수 없습니다. 물건을 만드는 공인도 필요하고, 물건을 중개하는 상인도 필요합니다. 그래도 농민이 가장 기본이라서 무사 다음 계층에 농민을 두었습니다. 공인과 상인의 지위는 그 아래입니다. 이 둘은 사회적 니즈에 따라 만들어진 계층이며, 주어진 역할에 충실하다 보니 돈이 모인 겁니다. 그런데 멸시의 눈총을 받습니다. 자괴감이 따를 수밖에 없습니다. 왜 이런 인식이 퍼졌을까요?

농민은 열심히 땀 흘려 곡식을 수확합니다. 공인도 무언가를 만들어내죠. 그런데 상인은 무엇을 하나요? 남들이 땀 흘려 만든 것을 '오른쪽에서 왼쪽으로 옮겨' 이익을 취하는, 어찌 보면 얌체 같습니다. 물론 일부 상인의 잘못도 있습니다. 수요가 급증할 때, 매점매석으로 폭리를 취했습니다. 관리들에게 뇌물을 주고 부당한 이익을 취하기도 했습니다. 큰 상인뿐만 아니라 소상공인들에 대한 인식도 크게 다르지 않았습니다. 일물일가一物一價가 아닙니다. 상대방이 어수룩하면 가격을 후려치고, 잘 안다 싶으면 가격을 낮춰주는 게 당연시됐습니다. 이데올로기와 상인들의 행태가 합쳐지면서 상업의 이윤 획득은 비천한 것으로 여겨졌습니다. 특히 무사들은 상업에 종사하는 것을 수치스럽게 생각했습니다. 마치 중세 유럽에서 지금의 은행업과 비슷한 고리대금업을 하던 유대인들이 멸시받던 것과 비슷한 상황이지요.

이러한 분위기에서 시부사와가 "도덕과 결합한 부는 얼마든지 떳떳하다. 공자의 가르침이 그렇다"고 한 것입니다. 상업에 종사하는 것은 더는 수치가 아닙니다. 그렇게 느끼는 순간, 체면을 생각하게 됩니다. 더 나아가 도덕까지도 염두에 두게 되죠. 돈을 벌기는 벌되, 제대로 벌어야 합니다. 권모술수와 편법이 판쳤다면, 이제는 도덕과 제도로서 이를 사라지게 해야 합니다. 지금까지 상인의 이익에만 몰두했다면 이제는 사회의 이익까지도

따져봐야 합니다. 그래서일까요? 일본에서는 "ESG 경영의 원조는 시부사와"라는 말까지 하고 있습니다. 아주 틀린 말도 아닌 것 같습니다.

그런데 일본에서 청부를 주장한 사람은 시부사와만 있었던 게 아닙니다. 일본의 상인 정신을 이해하기 위해서는 조금 더 거슬러 올라가 일본 상인의 정신적 원류라고 불리는 이시다 바이간石田梅岩을 알아야 합니다.

상인의 길을 가르친 이시다 바이간

도쿠가와 시대 일본은 신분제 사회였습니다. 상인은 평생 상인이라는 계급을 떠날 수 없었고, 부모가 작은 상점이라도 운영하면 자식이 당연히 그것을 물려받아야 하는 것이 사회 통념이었습니다. 그렇다면 상인들은 어떠한 생을 살았을까요?

6~7세쯤 우리의 서당에 해당하는 데라코야에서 읽기, 쓰기, 산수를 배웁니다. 10세쯤 가게에 들어가 견습생 신분인 뎃치丁稚로 일합니다. 월급은 없고 명절에 약간의 용돈을 받는 정도가 다입니다. 15세가 되면 일반적으로 정식 사원, 데다이手代가 됩니다. 이후 2~3년에 한 번꼴로 진급합니다. 30세까지 일하며 인정받으면 반토番頭가 되어 점포 전체의 경영을 맡게 됩니다.

뎃치까지 치면 거의 20여 년 세월이니, 요즘 기준으로 치면 어린 나이 같지만 30세 정도면 충분히 혼자 일할 수 있는 능력을 갖추게 됩니다. 일을 잘해서 오너의 눈에 들면 독립해 자신의 가게를 내는 노렌와케暖簾分け가 가능해집니다. 이는 오너가 자기 점포를 브랜드 삼아 다른 장소에서 영업할 수 있도록 허락하는 제도입니다. 이렇게 드디어 오너가 됩니다. 물론 아버지의 사업을 물려받아 일한다면 굳이 노렌와케를 할 필요가 없습니다.

일반적으로 45세쯤 현업에서 은퇴합니다. 은퇴 후에는 자선사업을 하거나, 서예나 그림 등 문화 활동을 하면서 여생을 보냅니다. 물론 이는 매우 성공한 상인의 이야기입니다. 대기업에 입사한 후 사장, 부회장을 거치며 정년 퇴임할 때까지 그 회사에서 일하는 것과 비슷하지요. 요즘으로 치면 500클럽에 들었다고 할 수 있습니다. 500클럽이란 월급을 500번 이상 받은 사람들을 지칭하는 말입니다. 500번이면 어느 정도일까요? 40년 동안 쉬지 않고 일해도 받을 수 있는 월급은 480번입니다. 민간 기업에서 500번 월급을 받았다는 것은 오너를 제외하고 가장 높은 위치에 올랐다는 뜻입니다.

그런데 이와 다른 삶을 살았던 상인이 있습니다. 바로 1685년 교토 인근의 가난한 농가에서 둘째 아들로 태어난 이시다 바이간입니다. 그는 유소년기에 교토의 포목점에 견습생으로 보내져 혹독한 환경에서 도제식 수업을 받습니다. 그런데

10대 후반까지 일하던 포목점이 도산합니다. 일단 고향으로 돌아갔다가 20대 초반에 교토의 구로야나기黑柳라는 포목점에서 다시 일자리를 잡습니다. 남들에 비해 늦은 출발을 한 셈이지요. 그러나 별 볼 일 없는 배경에도 불구하고 근면함과 성실함을 인정받아 42세의 나이에 반토에 오릅니다. 다른 사람 같으면 은퇴할 나이에 점장이 된 것입니다.

20년 넘게 판매업의 일선을 지키는 동안, 이시다는 현장 경험을 통해 상업은 '세상을 이롭게 하는 일'이라는 신념을 갖게 됩니다. 그는 성격이 대쪽 같고 학구열이 높은 사람이라고 합니다. 어릴 적부터 불교, 유교 학습서를 품에 넣고 다녔고, 항시 책을 놓지 않는 독서광이었습니다. 그러나 혼자 공부하는 데는 한계가 있게 마련입니다. 30대 중반에 오구리 료운小栗了雲이라는 학식 높은 승려를 만나면서 학문이 일취월장하고 틀이 잡힙니다. 공부도 열심히, 일도 열심히 하다가 반토가 된 지 1년 만인 43세 때 현역에서 물러납니다.

은퇴와 함께 고향으로 돌아온 그는 2년 만에 집의 방 하나를 개조해서 조그마한 강의 공간을 만듭니다. 이곳에서 대중 강연을 시작하죠. 남녀노소 누구나 무료로 참가할 수 있는 열린 강좌였다고 합니다. 처음에는 반응이 신통치 않았지만, 그의 강연에 귀를 기울이는 사람들이 하나둘씩 늘어납니다. 다른 강의와 달리 상인의 마음을 읽고, 그들의 나아갈 길을 제시했기 때문이었죠.

불교, 유교 서적을 두루 섭렵한 까닭에 그의 강연에는 종교적 배타성이 없었습니다. 눈높이 교육도 인기 요인이었지요. 이 시다는 본인이 만학도이다 보니 배움의 어려움을 알았습니다. 그랬기에 더욱 청중의 수준에 맞춰 강의를 열었다고 합니다.

그의 상인 철학을 한 줄로 요약하면 다음과 같습니다.

진정한 상인이라면 손님이 있어야 비로소 자신도 존재할 수 있음을 깨달아야 한다.

真の商人は先も立ち, 我も立つことを思うなり

그는 무사가 충忠으로 주군을 섬기듯 상인은 성誠으로 고객을 섬겨야 한다고 강조했습니다. 또한 자신의 이익을 줄일수록 손님의 이익이 늘어나기 때문에 상인 스스로 검약해야 한다고 강조했습니다. '제업즉수행諸業卽修行', 일은 곧 인격 수양이므로 나태를 경계하고 근면하게 맡은 바 일을 열심히 함으로써 '신용'을 얻어야 한다고도 했습니다. 이것이 그가 주장한 상인의 길商人道이며, 이러한 도에 입각해서 정직하게 번 돈은 "후지산만큼 쌓이더라도 부끄럽지 않다"고 가르쳤습니다.

그의 철학은 상인들의 긍지를 높였습니다. 동기 부여도 팍팍 됐지요. 그래서 오늘날 일타강사처럼 문하생들이 구름처럼 몰려들었습니다. 그의 철학을 두고 일본에서는 '석문심학石門心學'이라고 부릅니다. 우리말로 풀어보면 '이시다 바이간 문하생들의 마음 공부' 정도라 하겠습니다. 그는 1739년《도비문답都鄙問答》을 발간합니다. 질의응답 형식으로 되어 있는 이 책의 핵심 내용을 소개합니다.

다음 문답은 이시다를 마땅치 않게 생각하는 유학자와 이시다의 대화입니다.

유학자 : 상인들은 탐욕스럽고 사사로운 욕망私慾으로 행동한다. 그런 자들에게 욕심을 버리라고 하는 것은 고양이에게서 생선을 뺏는 것과 같다. (바이간이 강담소를 개설한 것을 두고) 그들에게 배움을 권장하는 것이 무슨 의미가 있는가?

바이간 : 상인의 도道를 모르는 사람은 사사로운 욕심으로 행동하고 결국은 타인과 자신을 모두 망치게 된다. 그러나 상인의 도를 깨달으면 사욕에서 벗어나 인仁의 마음을 얻게 되고, 상인의 도商人道에 걸맞은 행동을 해서 번성하게 된다. 그것이 배움의 덕德이다.

유학자 : 그렇다면 상품을 팔되, 이익을 취하지 말고 원가에 팔도록 가르치면 어떤가?

바이간 : 상인의 이윤은 무사의 녹봉과 같다. 상인이

이익을 취하지 않고 물건을 파는 것은 무사가 녹봉 없이 봉사하는 것과 마찬가지다. 물건을 만드는 직인은 공임을 받는다. 그것은 직인에 대한 녹봉이다. 농민들은 공납하고 남은 생산물을 소유한다. 이 또한 무사가 녹봉을 받는 것과 같다. 상인이 이익을 취하는 것도 천하로부터 인정된 녹봉이다.

유학자 : 상인이 매매를 통해 이윤을 취해야 한다는 것은 이해하겠다. 그러나 상인들이 남을 속이고 나쁜 짓을 하는 것도 사실 아닌가.

바이간 : 그 말은 맞다. 세상에는 상인인 척하는 도둑이 있다. 생산자에게는 가격을 후려치고 소비자에게는 바가지를 씌우며 부당한 이익을 취하는 무리가 있다. 이것은 도둑질과 매한가지이나 그 부당함을 지적하는 가르침이 없으니 그것을 수치라 생각하지 못하고 꾸역꾸역 그런 짓을 하는 것이다. 그러한 무도無道함을 삼가도록 하는 것이 배움의 힘이다.

역사에 관심 있는 사람은 1543년을 주목합니다. 유럽에선 니콜라스 코페르니쿠스Nicolaus Copernicus가 지동설을 주창한 〈천구의 회전에 관하여De Revolutionibus Orbium Coelestium〉란 논문을 기고한 해로 유명합니다. 천동설이 지배하던 시대, 이런 얘기를 하는 것은 목숨을 내놓는 용기가 없으면 할 수 없는 일이었습니다. 코페르니쿠스는 그의 수명이 다 되었음을 알고 용기를 내어 논문을 제출했다고 합니다. 그리고 논문이 발간되기 전에 사망했습니다. 이후 오랜 세월이 걸리긴 했지만, 유럽은 종교를 극복하고 과학이 근간이 되는 사회로 나아갑니다. 같은 해 일본은 유럽에서 철포를 들여옵니다. 조선에서는 백운동 서원이 세워진 해입니다. 이후 한국은 성리학의 나라가 되었고, 일본은 천하통일의 길로 들어섭니다.

철포 도입을 시작으로 일본 통일, 임진왜란, 도쿠가와 정권 수립 등 일련의 역사가 전개되었습니다. 그렇지만 총이 있다고 해서 부국이 되는 것은 아닙니다. 남의 나라를 수탈하지 않는 한 말이지요. 다른 나라를 침략하지 않고도 경제가 돌아갈 수 있어야 합니다. 그래서 상인이 필요한 것입니다. 이와 더불어 상인의 의식이 깨어 있어야 합니다. 그런 점에서 이시다는 큰일을 한 것이죠.

이시다의 사상은 시부사와에게 이어집니다. 이시다가 활동하던 시절은 일본의 안정기였습니다. 도쿠가와 정권이 수립된 후 250년 이상 전쟁이 없었습니다. 반면, 시부사와가 활동했던 시절은 격동기였습니다. 동서고금을 막론하고 사회가 불안정한 격변기에는 부자들이 대거 탄생합니다. 앞서 설명한 8대 재벌 모두 격동기를 발판 삼아 탄생했습니다. 그리고 몇몇 재벌들은 편법과 전쟁, 또는 정치와 결탁하는 방법으로 부를 쌓았지요. 수단과 방법을 가리지 않은 것이죠. 이런 풍조가 퍼지면 사회의 혼란은 가중됩니다.

시부사와는 격동기의 혼란을 극복하기 위해 '도덕경제합일설'을 주장했습니다. 실제로 주장만 한 것이 아니라 목이 터져라 강의를 하고 다녔습니다. 자신의 사상을 한 사람에게라도 더 전파하기 위함이었죠. 문득 우리나라에서도 도덕경제합일설을 주장한 상공인이 있나 궁금해집니다. 유한양행의 유일한 박사 정도가 떠오릅니다. 유일한 박사 또한 주장만 한 것이 아니라 평생 스스로 청렴한 기업인으로 살았습니다.

여기서 시부사와의 《논어와 주판》을 하나하나 뜯어보기는 힘듭니다. 오래된 책인 만큼 읽기도 쉽지 않습니다. 그러나 시부사와의 청부론과 비슷한 주장을 한 경제 대가들이 있습니다. 그들의 철학과 시부사와의 주장은 일맥상통하는 부분이 있습니다. 경제 대가들의 이론을 빌려 시부사와의 청부론을 이해하기 쉽게 소개합니다.

패러독스 경영 : 도덕과 경제를 합하다

《성공하는 기업의 8가지 습관built to last》은 짐 콜린스Jim Collins를 경영 구루의 반열에 올려놓은 책입니다. 이 책의 한국어판 제목은 볼 때마다 재미있습니다. 책에는 8가지 습관에 대해선 일언반구도 언급되어 있지 않은데, 희한하게도 책 제목에만 들어가 있습니다. 이 책은 오랫동안 장수하는 기업의 특성을 설명하는데, 시부사와의 철학과 일맥상통합니다.

먼저 'OR가 아닌 AND의 대가가 돼라Go for AND not OR'를 살펴봅시다. 많은 기업이 '안정' 혹은or '발전'을 선택합니다. 아니면 '이익' 혹은or '가치와 신념'을 추구하지요. 이 둘을 동시에and 추구하는 것은 말이 안 된다고 생각하면서요. 그러나 콜린스는 "대립되는 개념을 동시에 추구하는 것"이 성공의 핵심이라고 주장합니다. 낮은 원가와 차별화, 창조성과 효율성, 얼핏 양립하기 힘든 것들을 동시에 추구하는 방식을 '패러독스 경영Paradox Management'이라고 합니다. 콜린스가 주장하는 위대한 회사는 바로 패러독스 경영을 추구하는 회사입니다.

서울대 경영대학 송재용, 이경묵 교수는 삼성이 지닌 경쟁력의 원천으로 '삼성식 패러독스 경영'을 꼽습니다. "삼성은 대규모 조직이면서도 해외 경쟁자보다 의사결정과 실행의 속도가 매우 빠르고, 다각화되고 수직적으로 계열화되어 있으면서도 단위 사업의 전문적 경쟁력을 극대화했으며, 미국식 전략 경영과 일본식 현장 경영의 장점을 조화시켜 삼성 특유의 새로운 경영 시스템을 창출함으로써 삼성식 패러독스 경영을 정착시켜왔다"

238

는 것이 두 학자의 주장입니다.

콜린스가 주장하는 또다른 키워드는 '이익 그 이상을 추구하라More than Profits'입니다. "이제껏 나는 최고의 유통 회사를 만드는 일에 주력해왔다. 개인적인 부를 축적하는 것은 내 관심 밖의 일이었다." 누구의 말일까요? 월마트Walmart의 창업자 샘 월튼Samuel Walton입니다. 부를 추구하지 않았지만 돈이 그를 따라왔고, 결과적으로 가장 부유한 사람 중 한 명이 된 것이지요. 콜린스는 이렇게 말합니다. "경영대학원에서는 성공한 회사들에 대해 우선적으로 이익을 극대화하기 위해 존재한다고 가르쳐왔다. '주주의 부 극대화' 또는 '수익 극대화'처럼 말이다. 그러나 오랫동안 장수하는 기업들은 달랐다. 그들은 여러 가지 목표를 추구했는데, 돈을 버는 것은 그중 하나일 뿐, 반드시 중요한 것이 아니었다. 그들은 이익을 추구했으나 동시에 핵심 이념, 돈을 버는 것 이상의 핵심 가치와 목적의식에 인도되었다. 하지만 모순되게도 이익만을 추구한 경쟁 기업들보다 더 많은 돈을 벌었다."

로자베스 모스 캔터Rosabeth Moss Kanter 하버드대학 경영대학원 교수도 2011년 《위대한 기업은 어떻게 다르게 생각하는가How Great Companies Think Differently》에서 기업은 목적 있는 성과를 추구해야 한다고 강조했습니다. 이윤 창출은 당연하고, 그에 못지않게 사회적으로 어떠한 역할을 하는가가 중요하다는 것이죠.

요즈음에는 '우리 회사가 이 세상에 존재하는 이유가 무엇인가? 사회에 어떤 기여를 하고 있는가?'를 정의하고 실천하는 경영을 의미하는 '목적purpose 경영'이 일반화되고 있습니다. 그 전에는 지속가능성을 뜻하는 '서스테이너빌리티sustainability'라는 어려운 단어가 쓰였습니다. ESG의 붐이 일면서 세상은 급격히 변하고 있습니다. 일본에서 시부사와의 경영 철학이 더욱 주목받고 있는 데는 다 이유가 있습니다.

9장.

당신의
기념관은
어떤
모습인가

인생을 함부로 말하지 마라

저는 소위 일본통으로 불릴 만큼 일본 기업과 트렌드에 관심이 많습니다. 그러던 2017년부터 시부사와에 대해 천착하기 시작했고, 지금은 관련된 강의를 하고, 가끔은 경영인들과 함께 시부사와 투어를 떠나기도 합니다. 시부사와의 자취를 찾아 일본 전역을 다니면서 꼭 소개하고 싶은 공간이 있었습니다. 바로 시부사와 사료관渋沢史料館입니다.

시부사와 사료관을 찾아가려면, 도쿄역에서 JR을 타고 오지역에서 내려야 합니다. 역에는 어느 방향으로 가야 시부사와 사료관이 나오는지 알려주는 상세한 표지판이 있습니다. 안내문에 설명된 대로 약간 뒷산 같은 경사진 길을 올라가면 아스카야마라고 불리는 나지막한 산이 보입니다. 그 산 아래에 시부사와의 저택이 있었습니다. 아쉽게도 제2차 세계대전 때 폭격을 맞아 대부분의 건물이 유실되었지만, 역사적 의미가 있는 공간이

그림 34. 도쿄에 있는 시부사와 사료관

어서 그 폐허 위에 시부사와 사료관이 지어졌습니다. 안에 들어서면, 지금은 시계열에 따라 진열된 전시물을 만날 수 있습니다. 91년의 전 생애에 걸쳐 '몇 살 때는 어떤 일을 했다'는 방식으로 전시되어 있는 것이지요.

그러나 코로나 전에는 그의 일생을 몇 개의 장면으로 나눠서 설명했습니다. 어린 시절, 막부에서 일하던 시절, 정부 관료 시절, 기업가 시절, 사회사업가 시절, 민간 외교관 시절, 그의 가족사 등 7개 챕터로 나눠져 있었습니다. 저 개인적으로는 예전의 진열 방식이 그의 삶을 이해하는 데 더 도움이 되는 것 같습니다.

시부사와는 막부를 타도하려는 지사에서 막부의 신하로 변신했습니다. 그러다가 막부를 무너뜨린 메이지 정부의 관료로 일하게 됩니다. 언뜻 변신의 귀재처럼 보이지만, 가치관의 혼란이 컸을 겁니다. 변신이 좋은 것인지 나쁜 것인지 단정적으로 말할 순 없습니다. 몇몇 사람의 생을 살펴보죠.

먼저 범려范蠡입니다. '와신상담臥薪嘗膽' 이야기를 해볼까요. 오吳나라와 월越나라는 사이가 매우 나빴습니다. '오월동주吳越同舟'라는 고사성어가 있을 정도였죠. 월나라 왕 구천句踐은 오나라 왕 합려闔閭와 전투를 치릅니다. 오나라가 밀리고, 이 전투에서 합려는 부상을 당해 사망하기에 이릅니다. 합려의 아들 부차夫差는 복수를 다짐하며, 매일 가시나무 위에서 잡니다臥薪. 복수의 마음을 잊지 않기 위해서였죠. 국력을 키운 오나라는 월나라를 공격해 월나라 왕 구천을 볼모로 데려옵니다. 온갖 수난을 겪지만, 구천은 어쨌든 풀려납니다. 이후 구천은 수모를 잊지 않기 위해 매일 쓰디쓴 곰의 쓸개를 핥습니다嘗膽. 월나라는 국력을 길러 오나라를 공격하고, 부차가 자결함으로써 구천이 결국 승리를 거둔다는 이야기입니다. 이때 구천의 핵심 참모가 범려였죠.

복수를 이룬 이후, 범려는 자신의 용도가 다 되었음을 깨달습니다. '토사구팽兔死狗烹'의 날이 머지않았음을 직감합니다. 그래서 제齊나라로 도망갑니다. 이름도 치이자피鴟夷子皮라고 바꿉니다. 제나라에서 그는 사업에 성공해 큰돈을 법니다. 벌어들인 돈을 널리 베풀자 제나라는 그에게 재상 지위를 권합니다. 그런데 범려는 제나라에 더 이상 있어서는 안 되겠다고 판단하고 이번엔 산둥성 도陶현으로 거처를 옮깁니다. 그리고 무역중개상으로 또 큰 성공을 거둡니다. 주변 사람들은 그를 도주공陶朱公이라고 불렀죠. 범려는 정치가에서 상인으로 변신하면서 성공적인 삶을 살았습니다. 옮겨가는 지역에 따라 다른 이름까지 써가면서 말이죠.

존 록펠러John Rockefeller는 어떤가요? 1839년에 태어나 1937년에 사망했으니 무려 98세까지 살았네요. 그는 한때 세계 최고의 부자로 명성이 높았습니다. 돈도 많고, 오래도 살고, 사람 팔자가 달라도 너무 다르지요? 그런데 록펠러도 살아가다가 절체절명의 위기를 겪습니다. 55세 때 시한부 선고를 받은 겁니다. 어차피 1년밖에 남지 않은 인생, 돈이 있어 뭐하겠습니까? 그는 멘토인 프레데릭 게이츠Frederick Gates 목사의 조언대로 자선사업에 몰두합니다. 흥미롭게도 자선사업에 몰두하면서부터 그의 병이 치유되기 시작합니다. 어쨌든 그는 40년 이상 더 삽니다. 그는 자서전에 "돈을 벌기 위해 치열했던 55세 이전의 삶보다 돈을 제대로 쓰기 위해 고민했던 55세 이후의 삶이 더욱 행복했다"고 말했습니다.

　사람의 인생은 언제 어떻게 바뀔지 모릅니다. 어떻게 살았는지는 관 뚜껑 닫아봐야 안다고 하죠.

성장이 성공이다

앞서《논어》가 얼마나 대단한 책인지 살펴봤습니다.《논어》는 공자의 언행을 담은 책입니다. 그런데 여러분, 공자는 성공적인 삶을 살았을까요? 세계 4대 성인 중 한 명으로 꼽힐 정도이니 대단한 인물임에는 틀림없습니다. 세상 사람들의 존경을 받는 것은 당연합니다. 중국인들도 산둥성 곡부의 공묘孔廟만큼은 상당히 정중하게 보호한답니다.

　하지만 살아생전 공자는 어땠을까요? 공자는 노나라 귀족 출신으로 알려져 있지만, 세 살 때 아버지를 여의었고, 어머니 아래에서 가난하게 자랐습니다. 무고한 죄를 뒤집어써 진나라와 채나라의 들판에 갇히기도 했고, 나이 쉰에는 뒤늦게 현실 정치에 참여했지만, 기득권의 반발에 부딪쳐 쫓겨납니다. 아끼던 제자가 죽임을 당하기도 했고, 자신의 가르침을 어기고 입신만 꾀한 제자들도 있었습니다. 그의 사상이 널리 인정받은 것은 사실 그가 죽은 이후입니다. 이렇게만 보면 공자는 성공했다고 보기는 힘들 것 같습니다.

여러분은 어떤 인생을 성공한 인생이라고 생각하십니까? 아파트 몇 평 이상, 고급 자동차, 자녀는 모두 좋은 대학에 들어가고, 동기들은 모두 은퇴했는데 여전히 현역으로 근무하는 등 세간의 부러움을 사고 있으면 성공한 것일까요? 과연 성공이란 무엇일까요?

성공이 무엇인지 애매할 때는 성공이 아닌 것, 즉 성공의 반대말을 떠올리면 판단하기 쉽습니다. 성공의 반대말은 무엇일까요? 실패일까요?

넬슨 만델라Nelson Mandela는 이런 말을 했습니다. "나는 실패한 적이 없다. 이겼거나 배웠을 뿐이다I never lose. I either win or learn." 큰 울림이 있는 말입니다. 배움이 있는 실패는 성공과 동격, 즉 성공으로 가는 과정입니다.

자동차 왕 헨리 포드Henry Ford를 살펴보죠. 그는 1863년 미시간주 농가에서 태어났습니다. 당시에는 농가에서 태어나면 농부가 천직이었습니다. 하지만 그는 자신의 운명을 거스릅니다. 열일곱 살이 되자 아버지의 반대를 무릅쓰고 디트로이트로 향합니다. 그는 기계공, 시계수리공을 거쳐 에디슨 회사의 최고 기술자로 근무했습니다. 회사에서 퇴근하면 헛간에 처박혀 새벽까지 나오지 않고 무언가를 해서 동네 사람들은 그를 "미친 헨리"라고 불렀을 정도입니다. 그러다 1893년 드디어 혼자 힘으로 자동차를 만듭니다. 그가 만든 가솔린 차는 디트로이트에서 최초의 자동차이자 오랫동안 유일한 자동차였습니다. 시내에 차를 세워 두면 금방 구경꾼들에게 둘러싸였죠.

1899년 8월, 포드의 기술력을 믿고 12명이 투자한 디트로이트 자동차Detroit automobile company가 탄생합니다. 하지만 뛰어난 기술력으로 자동차 한 대를 잘 만드는 것과 이를 양산해서 사업화하는 것은 다른 차원의 이야기죠. 1901년 1월, 이 회사는 파산합니다. 그리고 1901년 11월 자신의 이름을 딴 헨리 포드 회사Henry Ford company가 탄생합니다. 그런데 투자자와 마찰을 빚어 포드는 1902년 3월 퇴사합니다. 이 회사는 나중에 캐딜락Cadillac이 됩니다. 1903년 6월 석탄 상인 알렉산더 말콤슨Alexander Malcomson과 12명의 투자자를 모아서 포드 자동차 회사Ford Motor Company를 설립합니다. 세 번째 도전이지요. 당시 미국에는 무려 88개나 되는 자동차 회사가 있었고, 디트로이트에서만 15개 업체가 경쟁하고 있었습니다.

포드는 첫 번째 실패를 통해 기술과 사업의 차이를 배웠습니다. 두 번째 실패를 통해서는 자기 사업의 중요성을 깨달았지요. 이 같은 경험을 바탕으로 세 번째 사업에서는 본인이 이끄는 대로 회사를 따라오게 만들 수 있었습니다. 기술력 탁월하겠다, 시장의 속성도 알겠다, 다른 경쟁자에 비해 상대적으로 유리하게 사업을 전개할 수 있었습니다.

그렇다면 성공의 반대말은 무엇일까요? 아무것도 안 하고 가만히 있는 것입니다. 사랑의 반대말은 미움이 아니라 무관심이듯, 성공의 반대말은 실패가 아니라 가만히 있는 것입니다.

포드는 이런 말도 했습니다. "사람들은 은퇴해서 벌어놓은 돈으로 먹고살게 되는 날, 즉 삶의 투쟁에서 벗어나는 날을 목표로 일한다. 그들에게 삶은 되도록 빨리 끝내야 할 전투다. 나로서는 이해하기 힘든 사고다. 죽은 듯이 굳어지는 것이 성공이라면 마음 한구석의 한없이 늘어지고 싶은 욕망에 순응하기만 하면 된다. 하지만 성장하는 것이 성공이라면 매일 아침 새롭게 잠에서 깨어나 온종일 맑은 정신을 유지해야 한다. 삶은 정주, 정착이 아니라 여행이다. 자신이 정착했다고 굳게 믿는 사람은 아마도 하락하는 중일 것이다. 자기도 모르는 사이에 위험에 빠져 있는 것이다. 그는 다음번 진보의 바퀴가 돌아갈 때 내동댕이쳐질지도 모른다."

성장하는 것을 성공으로 본 겁니다.

당신의 원싱은 무엇인가

성공을 지향하는 삶, 성공한 삶이란 어떤 것일까요? 일반적으로 어떤 목표를 세우고 이를 달성하는 것을 말합니다. 고시에 합격

그림 35. 시부사와 에이이치의 묘비

그는 1931년 11월 11일 향년 91세의 나이로 사망한다. 사망하기 전날까지도 다음 날 일정을 논의하며 늦은 시간까지 일한 것으로 유명하다.

하는 것이 목표라면 고시에 합격하는 것이 성공이고, 일류 대학에 가는 게 목표라면 원하는 대학에 합격하는 것이 성공입니다. 돈을 얼마 벌겠다, 어떤 자리까지 올라가겠다 이런 것들은 모두 목표입니다. 이를 달성하면 성공이라고 합니다.

그러나 시부사와는 이를 성공으로 간주하지 않았습니다. "아무리 큰 부와 지위를 얻더라도 품격 높은 인격과 정의, 그리고 도리가 없다면 그것은 절대로 완전한 성공일 수 없다. 단지

'욕심의 충족'일 뿐이다. 욕심이라는 밑 빠진 독에 계속 물을 붓는 것과 진배없다"고 힘주어 말했습니다. 물론 삶의 목표는 있어야 합니다. 하지만 좀 더 대의적이어야 한다는 것이 그의 주장입니다.

여러분의 묘비명을 상상해봅시다. '명문대에 합격한 홍길동, 여기 잠들다', '강남 아파트 몇 평에 살았던 홍길동, 여기 잠들다' 이런 것은 아닐 겁니다. 앤드루 카네기**Andrew Carnegie**는 이런 묘비명을 꿈꿨다고 합니다.

자기보다 우수한 사람을 자기 곁에 모을 줄 알았던 사람, 여기 잠들다.

Here lies a man who was wise enough to bring into his service men who knew more than he

그의 묘비명에 이런 글귀가 쓰여 있지는 않습니다. 하지만 살아생전 이런 말을 입에 달고 다녔다고 합니다. 얼마나 멋진 말입니까? 말이 행동을 만듭니다. 이렇게 말하고 다니면 실제로 이런 행동을 하게 됩니다.

카네기는 평생 한 가지, 즉 어떻게 해야 나보다 우수한 사람을 곁에 둘 수 있을지 고민하고 연구하고 방법을 찾았을 겁니다. 이 한 가지를 '원씽**The one thing**'이라고 합니다. 사업가이자 비즈니스 코치, 베스트셀러 작가인 게리 켈러Gary Keller와 그의 친구 제이 파파산Jay Papasan의 주장을 살펴보죠.

누구에게나 자신의 삶을 의미 있게 만드는 '단 하나', 즉 '원씽'이 있을 겁니다. 인생 전체를 감싸는, 혹은 개인적인 삶, 인간관계, 경력, 사업, 재정 문제 등 삶의 여러 부분에서 가장 본질적으로 생각하는 '단 하나' 말이죠. 그것이 무엇인지는 사람마다 다릅니다.

저의 원씽은 '독자 및 시청자의 긍정적인 변화를 이끌어내는 혁신 기업 스토리텔러'가 되는 것입니다. 그래서 기업의 혁신 사례에 대해 글을 쓰고 강의를 합니다. 그런데 그냥 사례만 나열하면 좀 부족할 것 같습니다. 뭔가 의미가 있어야 하죠. 제 이야기를 듣거나 글을 읽은 사람들이 긍정적으로 변화하기를 희망합니다. 그래서 그들이 원하는 삶을 살 수 있도록 돕고 싶습니다. 그래서 위의 문장처럼 '원씽'을 정했습니다. 이 문구는 직업적 관점이란 특색을 지닙니다. 가족, 종교, 취미 어떤 것이든 상관없습니다. 윤리적으로 문제가 없다면 여러분이 원하는 모습이 무엇이든 생각나는 대로 그리면 됩니다.

그다음엔 '원씽'을 실행에 옮기고 탁월한 성과를 내도록 만들어야 합니다. 그러기 위해서는 목적의식purpose, 우선순위 priority, 생산성productivity 3가지 요소를 마음에 새겨야 합니다.

첫째, 목적의식입니다. 찰스 디킨스Charles Dickens의 〈크리스마스 캐럴A Christmas Carol〉을 아시는지요? 아! 스크루지 영감 이 야기라고 하는 편이 더 친숙하겠네요. 구두쇠 스크루지는 마음이 차갑고, 돈 한 푼에도 벌벌 떠는 탐욕스러운 사람이었습니다. 그런데 어느 크리스마스이브에 세 유령이 찾아와 각각 스크루지의 과거, 현재, 미래를 보여줍니다. 끔찍한 경험을 한 그는 다음 날 아침 몸을 떨면서 잠에서 깹니다. 그러곤 새로운 사람으로 다시 태어나죠. 볼 때마다 퇴짜를 놓았던 자선활동가를 발견하고는 용서를 구하며 가난한 이들을 위해 큰돈을 기부할 것을 약속합니다.

유령을 만나기 전에 스크루지는 오로지 돈을 위해 살았습니다. 돈을 위해 일했고, 돈만 움켜쥐고 홀로 지내는 삶을 추구했습니다. 최대한 많은 돈을 버는 것이 그의 목적의식이었지요. 유령을 만난 후 그의 목적의식은 주변 사람들에 대한 관심으로 바뀌었습니다. 주변 사람들의 재정적 문제, 신체적 건강에 관심을 기울입니다. 어떤 식으로든 그들을 도우며 그들과 관계를 다지는 데 즐거움을 느끼게 됩니다. 당신의 묘비명에 쓰였으면 하는 문구가 바로 목적의식이라고 생각하면 되겠습니다.

둘째, 우선순위입니다. 목적의식이 최종 목표라면 이 최종 목표를 이루기 위해 5년 내 해야 하는 원싱은 무엇인지 적습니다. 그리고 이 목표를 달성하기 위해 올해 내가 해야 할 원싱은 무엇인지 적습니다. 그런 다음에는 올해의 목표를 이루기 위해 내가 이번 달에 해야 할 원싱은 무엇인지 적습니다. 그런 다음에는 이번 달 목표를 달성하기 위해 금주에 해야 할 원싱은 무엇인지 적습니다. 그런 다음에는 금주의 목표를 달성하기 위해 오늘 해야 할 원싱은 무엇인지 적습니다. 그리고 오늘, 이를 실천합니다.

복잡하죠. 굳이 이렇게 할 필요가 있을까요? 그냥 최종 목표를 달성하기 위해 지금 당장 할 수 있는 원싱이 무엇인지 찾는 게 낫지 않을까요? 그런데 이렇게 해서는 효과가 없습니다. '지금 당장'이라는 순간은 먼 미래와 너무나도 동떨어져 있어서 우선순위를 제대로 파악할 수 없습니다. 힘들더라도 단계별로 밟아 나가야 합니다. 그래야 제대로 된, 오늘 해야 할 원싱을 발견할 수 있습니다.

셋째, 생산성입니다. 앞서 스크루지도 행동에 옮겼죠. 그래서 더 행복하고, 더 나은 삶을 살 수 있었습니다. 생산성에서 중요한 것은 누구에게나 똑같이 주어진 것, 즉 시간을 얼마만큼 생산적으로 쓰는가입니다. 방법은 간단합니다. 원싱을 할 시간을 확보하고, 그 시간을 지키면 됩니다.

시간을 확보하는 것의 핵심은 타임 블로킹Time Blocking입니다. 먼저 휴식 시간을 확보합니다. 성공한 사람들은 매년 휴가 계획을 정하면서 한 해를 시작합니다. 왜일까요? 그들은 그 같은 시간이 필요하다는 것을 알고, 또 자신들에게 그럴 만한 자격이 있다는 것을 알기 때문입니다. 실제로 큰 성공을 거둔 사람들은 자신이 여러 번의 휴가 사이사이에 틈틈이 일하고 있다고 생각합니다. 여러분도 그런 삶을 살길 응원합니다.

그런 다음에는, 윈싱을 할 시간을 확보합니다. 중요한 것은 휴식 시간을 먼저 정하고, 그다음에 윈싱을 할 시간을 찾는다는 겁니다. 잊지 마세요. 휴식을 통해 몸과 마음을 재정비, 재창조하고 나서야 집중해서 윈싱을 추구할 수 있다는 사실을 놓쳐서는 안 됩니다.

마지막으로 계획할 시간을 확보해야 합니다. 매주 한 시간을 따로 떼어내 연간 목표와 월간 목표를 검토하길 권장합니다.

시간을 보호하는 것은 시간을 확보하는 것 못지않게 중요합니다. 항상 훼방꾼이 있게 마련이거든요. 다른 사람에게 방해를 받지 않을 장소를 찾아서 그 장소를 꾸며봅시다. 방이 따로 있으면 '방해하지 마시오'라는 팻말을 붙이거나 칸막이로 가려도 사람들이 계속 얼쩡댄다면 윈싱에 관련된 일을 하는 시간만큼은 장소를 옮기는 것도 방법입니다. 화장실에 갈 때를 빼놓고는 움직이지 않도록 필요한 모든 사무용품, 재료, 간식, 심지어 음료도 그곳에 비치하세요. 전화기를 끄고, 이메일을 닫고, 인터넷 브라우저에서 빠져나오세요.

트리거 : 행동을 바꾸는 심리적 자극

사람들은 변화를 원합니다. 더 나은 삶을 위해서 말이지요. 하지만 대부분의 사람은 노력하다가 포기하고 맙니다. 다이어트, 외국어 공부 등 다양한 분야에서 그런 일을 수없이 경험합니다. 좀 더 나은 방법은 없을까요? 리더십 분야의 대가인 마셜 골드스미스**Marshall Goldsmith** 박사의 책《트리거**Triggers**》에서 답을 찾아보도록 하겠습니다.

'트리거'란 "우리의 생각과 행동을 바꾸는 심리적 자극"을 말합니다. 야망을 돋워줘서 인생을 180도 변하게 하는 선생님의 칭찬일 수도 있고, 내가 뭔가 잘못된 일을 하고 있는 게 아닌가 의심이 들게 만드는 주변의 따가운 시선일 수도 있습니다. 빗소리에 달콤한 추억을 떠올리게 되듯, 때론 자연환경이 트리거가 될 수도 있지요.

저자는 이 책을 쓰기 위해 사람들에게 다음과 같은 질문을 던졌습니다. "지금까지 살면서 경험한 가장 큰 변화는 무엇이었습니까?" 갖가지 다양한 대답이 나왔습니다. 흥미로운 점은 많은 사람들이 이 질문을 듣고 변화한 자신을 떠올리기보다 '변했어야 하는데 끝내 그러지 못한 행동에 대한 깊은 후회'를 했다는 것입니다. 후회라……. 그렇습니다. 자신의 과거를 돌아보면서, 그와는 다른 방식으로 살았기를 원하는 자신을 발견하게 됩니다. 후회는 아픈 상처를 남기지요. 아프기에 그다지 환대받는 감정은 아닙니다.

후회하면 고통이 따라옵니다. 그런데 고통은 트리거로 작용해 우리가 과거보다 나은 쪽으로 나아가게 만드는 힘이 될 수 있습니다. 후회야말로 변화를 이끄는 강력한 감정인 것이지요. 후회를 줄이기 위해, 그리고 더 나은 삶을 위해 변화가 필요하다면, 다음과 같은 절차를 밟아보세요.

먼저, '하루 질문 체크리스트'를 만드세요. 매일 밤 자기 전 체크리스트의 항목에 '최선을 다했는가'라는 관점에서 생각해보며 스스로 1점에서 10점 중 적당한 점수를 매깁니다. 항목이 '명확한 목표 수립'이라면 '나는 오늘 명확한 목표를 세우기 위해 최선을 다했는가?'라고 질문하는 거죠. 질문의 끝에 '최선을 다했는가?'라고 묻는 게 매우 중요합니다. 만약 위의 사항에 대해 '당신은 명확한 목표가 있습니까?'라고 질문한다면, 환경을 탓하는 수동적인 답변이 나올 수도 있습니다. '회사가 매달 목표를 바꿔서요'처럼 말이죠. 자기 탓이 아닌 남 탓을 할 여지를 주는 겁니다. 하지만 '나는 오늘 명확한 목표를 세우기 위해 최선을 다했는가?'라고 질문한다면 모든 책임이 본인에게 있는 셈입니다. 따라서 능동적으로 답변하게 됩니다. 회사가 매달 목표를 바꾸건 말건 최선을 다하는 것은 '나'이니까요.

'명확한 목표 수립' 외에 '목표를 향한 전진', '의미 찾기',

'행복하기', '긍정적인 인간관계 만들기', '완벽히 몰입하기'가 체크리스트에 포함될 필수 항목입니다. '목표를 향한 전진'이라면 '나는 오늘 목표를 향해 전진하는 데 최선을 다했는가?'로, '의미 찾기'라면 '나는 오늘 의미를 찾기 위해 최선을 다했는가?'로 바꿔 질문해야겠죠.

실제로 저자는 위의 6가지 질문에 열흘간 스스로 답하라고 총 79회, 2,700여 명에게 이야기했습니다. 그랬더니 최소 한 가지 영역 이상 개선된 사람이 무려 89%에 달했답니다. 6가지 영역 모두 개선된 사람은 37%였고요. 실로 놀라운 성과입니다.

앞에 예시한 6가지는 기본 항목입니다. 그 외에 창조, 보존, 제거, 수용의 관점에서 추가적인 체크리스트를 만드세요. 저자는 창조라는 관점에서 '새로운 것 배우기', 유지라는 관점에서 '고객들과의 관계 유지하기', 제거라는 관점에서 '타인에 대한 분노와 부정적인 말 피하기', 수용이라는 관점에서 '바꿀 수 없는 일에 에너지 낭비하지 않기'를 선정한 후, 각 항목에 대해 '매일 최선을 다했는가'라고 물었어요. 운동하기, 명상하기, 잘 자기, 건강한 다이어트, 아내에게 멋진 말이나 행동하기 등을 넣어도 좋을 것 같습니다.

그다음, 일주일간 매일 점수를 기록한 뒤 마지막 칸에는 일주일 평균 점수를 내봅니다. 1주, 2주 데이터가 쌓이면서 멋지게 변해가는 당신을 발견할 수 있을 겁니다.

항상 같은 항목일 필요는 없습니다. '와인 공부에 최선을 다하고 있는가'가 체크리스트 항목인데 와인 소믈리에 자격증을 취득하고 이제 프랑스 현지 와인 농장을 방문할 계획이라면 '프랑스 회화 공부에 최선을 다하고 있는가'로 질문 항목이 바뀌겠죠. 핵심은 다음의 2가지, 즉 '이 항목들이 내 인생에서 중요한가', '이 항목에서 성공을 거두는 게 내가 원하는 사람이 되는 데 도움이 되는가'입니다. 2가지에 포함되지 않는다면, 그것은 쓸모없는 질문입니다.

매일 점수를 기록한 뒤에 누군가에게 보고하세요. 그 누군가를 '코치'라고 부릅시다. 당신은 완벽한 계획가이지만 약해빠진 실행가일 수도 있습니다. 항목은 잘 선정했지만, 어떤 항목은 항상 1~2점에서 맴돕니다. 이런 점수를 코치한테 보고해야 한다면, 스스로 부끄러움을 느낄 겁니다. 그러면 혼자서 점수를 매길 때보다 나쁜 점수를 고치려고 더욱 노력하게 됩니다. 이런 과정을 반복하다 보면 자기 자신이 스스로의 코치가 될 수 있습니다! 굳이 외부인에게 보고할 필요 없이 스스로 반성하고 스스로 제어할 수 있는 날이 오는 것이지요.

늦지 않았다

2022년 말 도쿄역 근처를 걷고 있었습니다. 마루빌딩丸ビル에 '오픈 20주년'이라는 플래카드가 걸려 있었습니다. 가던 길을 멈추고 잠시 상념에 잠겼습니다. 2002년 문을 연 마루빌딩은 일본에서 큰 화젯거리였습니다. 위치도 마침 도쿄역에 붙어 있어서 멀리 시골에서도 이 빌딩을 구경하러 사람들이 몰려왔습니다. 〈닛케이신문〉은 2002년 최고 히트 상품으로 마루빌딩을 꼽았습니다. 저는 이날 자료사진을 얻기 위해 도쿄에 잠깐 들른 것이었습니다. 그리고 그해 말, 어느 호텔 조찬회에서 강연했던 기억이 있습니다. 삼성경제연구소 경영전략실 수석연구원으로서 말이죠.

그때까지만 해도 제 인생이 이렇게 바뀔지는 상상하지 못했습니다. 물론 여기서 20년을 더 거슬러 올라간 1982년엔 대학교 신입생의 해방감을 만끽하고 있었죠. 그 당시엔 20년은 고사하고 대학을 졸업한 후 어떻게 될지조차 상상하지 못했습니다. 여러분께 하고 싶은 이야기는 바로 이겁니다. 지금 여러분이 어떤 삶을 살고 있더라도, 미래의 여러분은 지금 상상할 수 없는 삶을 살 수 있다는 겁니다. 그게 좋은 쪽이든 아니면 나쁜 쪽이든 말이죠.

변화는 하룻밤에 이뤄지지 않습니다. 성공은 매일매일 반복되는 작은 노력이 모여 만들어지는 결과물입니다. 우리가 노력한다면, 우리의 삶은 더 좋아질 것이고, 그러지 않으면 개선되지 않을 겁니다. 일신우일신日新又日新! 매일매일 새로워져야 합니다. 우리 삶에 '너무 늦었다'는 없습니다.

맥도날드McDonald의 전설을 만든 레이 크록Ray Kroc 이야기를 해볼까요? 종이컵 판매원으로 16년, 이후 멀티믹서 세일즈맨으로 16년을 보낸 그는 멀티믹서를 다량 구매한 맥도날드란 회사가 궁금해졌습니다. 그렇게 운명처럼 맥도널드 형제를 만나고, 미국 내 사업권을 따내면서 52세부터 새로운 인생을 출발합니다.

1977년 크록은 다트머스대학에서 명예박사 학위를 받습니다. 학위증에 쓰인 말이 의미심장합니다. "당신은 언제나 몽상가였습니다." 그렇습니다. 그는 항상 꿈을 꾸었습니다. 그리고 그 꿈을 현실로 만들기 위해 죽도록 달렸습니다. "당신은 유례없는 미국적인 회사를 만들었습니다." 그렇습니다. "콜럼버스는 미국을 발견했고, 조지 워싱턴George Washington은 미국을 만들었다면, 레이 크록은 미국의 입맛을 맥도날드화했다"는 말이 나올 정도이지요. "오늘날 학생들은 3가지 필수적인 요소를 꼭 확인하고 대학을 선택합니다. 뛰어난 교수진, 좋은 도서관, 그리고 가까운 맥도날드 말입니다." 이보다 더한 칭송은 없겠죠.

1977년엔 4,000개 정도의 매장이 있었습니다. 4,000개의 성공 스토리가 있었다는 말입니다. 성공 요인은 무엇일까요? 타고난 소질? 교육? 크록은 '투지'라고 힘주어 말합니다. "밀고 나가라. 세상의 어떤 것도 끈기를 대신할 순 없다. 재능으로는 안 된다. 재능이 있지만 성공하지 못한 사람은 세상에 널렸다. 천재성도 소용없다. 이름값을 못 하는 천재가 수두룩하다. 교육으로도 안 된다. 세상은 고학력 낙오자로 가득하다. 전능의 힘을 가진 것은 끈기와 투지뿐이다."

4,000번째 매장을 열자 사람들은 맥도날드가 5,000번째 매장을 어디에 열지 얘기했습니다. 크록은 1만 번째 매장까지 염두에 두고 있다고 말했습니다. 그런 그를 보며 사람들이 꿈을 꾸고 있다고 말하자, 그는 "나는 평생 꿈을 꾸고 있다. 그 꿈을 멈출 생각이 없다"고 답했습니다. 그리고 여러분도 잘 아시다시피 전 세계 맥도날드 매장 수는 4만 개가 넘습니다.

나라마다 기업가를 바라보는 시각은 다릅니다. 일본에는 시부사와를 비롯해 마쓰시타 고노스케, 이나모리 가즈오 등 탁월한 기업가의 기념관이 있습니다. 초등학생들이 단체로 관람하러 오기도 합니다. 그런 모습을 보면 살짝 부럽습니다. '아, 이 나라는 기업가를 존경하도록 교육받고 있구나' 하고 말이지요. 물론 모든 기업가가 그런 것은 아닙니다. '경영의 신' 급으로 불리는 인물에 국한되어서죠. 일본인은 정리와 요약을 잘하는 민족입니다. 기업가가 아니더라도 소설가, 음악가 등 다양한 분야에

262

서 대가의 수준에 오른 사람은 기념관을 갖고 있습니다.

우리 모두가 기업가의 삶을 살 필요는 없습니다. 자기가 잘할 수 있는 분야에서, 자기가 좋아하는 분야에서 죽을 때까지 성장하면 됩니다. 기념관이 꼭 건물일 필요도 없습니다. 묘비명이어도 좋습니다. 자기 주변 사람들이 기억하는 것으로도 충분합니다. 하지만 '어떠어떠한 사람, 여기 잠들다'라고 할 때, 여러분 이름의 수식어는 무엇이 될지 지금부터 고민해보기 바랍니다.

에비스가하나조선소 터에서

2024년 4월 마지막 주에 20여 분들과 함께 메이지유신 여행을 떠났습니다. 이번 여행에서 가장 기억에 남는 장소는 '에비스가하나조선소惠美須ヶ鼻造船所跡 터'였습니다. 문자 그대로 '터'입니다. 흔적이란 뜻이죠. 지금은 덩그러니 방파제만 있을 뿐입니다. 하지만 역사는 이야기합니다. 이곳에서 1856년 헤이신마루丙辰丸가, 1860년엔 고신마루庚申丸라는 서양식 범선이 완성되었다고요.

도쿠가와 막부는 각 번들의 대형 함선 건조를 금지하고 해외로의 항해 또한 막았습니다. 번의 군사력이 강해지는 것을 우려했기 때문입니다. 하지만 1853년 흑선이 출현하면서 상황이 달라졌습니다. 아직 돛단배 수준에 머물러 있던 일본에 엔진으로 가는 증기선이 출현했으니 그 충격은 어마어마했습니다. 중국, 러시아를 비롯한 대륙 세력이 쇠퇴하고 영국, 미국 등 해양 세력이 떠오르던 시절이었습니다. 당연히 막부도 새로운 선박의 필요성을 절감했고 대형 함선 건조 금지령을 철폐합니다.

이때부터 각 번들은 경쟁적으로 함선을 건조하기 시작합니다. 외국의 도움을 받아 배를 만들기 위한 신식 조선소를 짓고, 증기선의 소재가 되는 철을 만들기 위한 제철소도 세웁니다. 여기에 맞는 무기를 생산하는 병기창도 만듭니다. 이러한 기술과 시스템이 하나하나 모여 결국 메이지유신으로 이어집니다.

이 무렵 조선은 무엇을 하고 있었을까요? 흑선이 내항하던 때 조선의 임금은 철종이었습니다. 이후 고종, 순종으로 이어지며 역사는 우리가 아는 바대로 흘러갑니다. 우리는 언제 배를 만들고, 언제 철강을 만들었을까요? 조선소는 1937년 조선중공업이, 철강은 1953년 대한중공업공사가 최초입니다. 뒤처진 세월만큼 우리 민족은 고통을 겪어야 했습니다.

물론 그 뒤의 우리나라는 달라졌습니다. 일제강점기와 한국전쟁의 상흔을 딛고 일어섰습니다. 다들 불가능하다고 말했던 포항제철은 세계 굴지의 제출소가 되었고, 거제도는 세계 최고의 조선 도시가 됩니다. IT와 반도체 분야에서는 일본 기업을 저만치 앞서가고 있습니다. 하지만 우리가 일본을 따라잡았듯이, 언제 다른 나라가 우리를 추월할지 모릅니다. 변화에 뒤처진다면 우리는 또다시 구한말의 상황에 직면할 수 있습니다.

일본은 오랫동안 침체의 늪에 허우적거렸습니다. 한때 '잃어버린 10년'이라는 표현이 유행하더니 이제는 그 기간이 늘어서 '잃어버린 30년'이란 표현을 쓰고 있습니다. 그러던 일본이 최근 기지개를 켜기 시작했습니다. 그 한 예로 영원히 박스권에 갇혀 있을 것 같던 닛케이지수가 거품 경제 시대의 절정이던 1990년의 최고치를 깨고 상승 중입니다. 물론 일본이 과거의 영광을 재현하기는 말처럼 쉽지 않을 겁니다. 인구 고령화로 고통받고 있고 AI, 반도체로 대변되는 신기술에 일본은 여전히 뒤처져 있습니다. 그러나 메이지유신 당시에 일본은 모든 악조건을 이겨내고 강대국으로 성장했습니다. 그래서 일본은 지금 시부사와 에이이치를 소환하고 있는지 모릅니다.

그런 점에서 저성장이 굳어지고 있는 우리나라 기업과 경영인들이 참고해야 할 인물이 시부사와 에이이치라고 생각합니다. 비록 우리에게는 국권침탈의 상징 중 한 명이라도 배울 것은 배워야 합니다. 바로 그 때문에 이 책을 쓰게 됐습니다.

시부사와는 '늘 깨어있는 사람'이었습니다. 상인으로 태어나 무사가 되길 꿈꿨고, 막부의 가신으로 '주판을 든 사무라이'로 활약합니다. 그러나 서구 문명을 두 눈으로 확인하고는 양복을 입은 자본주의자가 됩니다. 변화에 예민하게 반응했지만, 그렇다고 모든 것을 부정하거나, 모든 것을 독차지하려고 하진 않았습니다. '유신'을 상징하는 인물이라 하겠습니다. 또한 시부사와는 평생 청부론을 강조했습니다. 부자가 되길 원했지만, 깨끗하게 처신하려 했고, 왜 부자가 되려는지 목적을 잊지 않으려고 노력했습니다.

페스티나 렌테festina lente라는 라틴어 문구가 있습니다. '천천히 서둘러라'라는 이 모순된 표현은 로마의 초대 황제, 아우구스투스의 좌우명으로 유명합니다. 바쁘게 사는 것은 중요하지만, 왜 바쁘게 사는 건지, 무엇을 위해 바쁘게 사는 건지를 알고 바빠야 한다는 겁니다. 천천히 서두르려면, 신중하게 생각할 시간을 가져야 합니다. 이 말에 가장 어울리는 사람이 바로 시부사와 에이이치입니다. 항상 깨어있으면서 사회의 점진적인 변화를 추진한 인물입니다.

저도 그런 사람이 되기를 희망합니다. 여러분도 시부사와처럼 항상 깨어있으시길 기원합니다.

시부사와 에이이치
일본 자본주의의 설계자

초판 1쇄 인쇄 2024년 5월 13일
초판 1쇄 발행 2024년 5월 20일

지은이 신현암
펴낸이 유정연

이사 김귀분
책임편집 신성식 **기획편집** 조현주 유리슬아 서옥수 황서연 정유진 **디자인** 안수진 기경란
마케팅 반지영 박중혁 하유정 **제작** 임정호 **경영지원** 박소영 **교정교열** 허지혜

펴낸곳 흐름출판(주) **출판등록** 제313-2003-199호(2003년 5월 28일)
주소 서울시 마포구 월드컵북로5길 48-9(서교동)
전화 (02)325-4944 **팩스** (02)325-4945 **이메일** book@hbooks.co.kr
홈페이지 http://www.hbooks.co.kr **블로그** blog.naver.com/nextwave7
출력·인쇄·제본 삼광프린팅(주) **용지** 월드페이퍼(주) **후가공** (주)이지앤비(특허 제10-1081185호)

ISBN 978-89-6596-628-9 03320